ROMULO BARROS

Luz na Escuridão

EDITORA
SANTUÁRIO

DIREÇÃO EDITORIAL:
Pe. Fábio Evaristo R. Silva, C.Ss.R.

CONSELHO EDITORIAL:
Pe. Ferdinando Mancilio, C.Ss.R.
Pe. Marlos Aurélio, C.Ss.R.
Pe. Mauro Vilela, C.Ss.R.
Pe. Victor Hugo Lapenta, C.Ss.R.

COORDENAÇÃO EDITORIAL:
Ana Lúcia de Castro Leite

COPIDESQUE:
Luana Galvão

REVISÃO:
Denis Faria

DIAGRAMAÇÃO:
Bruno Olivoto

CAPA:
Mauricio Pereira

Dados Internacionais de Catalogação na Publicação (CIP)
(Câmara Brasileira do Livro, SP, Brasil)

Barros, Romulo
　　Luz na escuridão/ Romulo Barros. - Aparecida, SP: Editora Santuário, 2017.

　　ISBN 978-85-369-0507-5

　　1. Assumar, Pedro de Almeida Portugal, conde de, 3. Brasil - História - Período colonial 4. Ficção cristã 5. Ficção brasileira 6. Nossa Senhora Aparecida - Aparição e milagres - Ficção 7. Nossa Senhora Aparecida - História - Ficção 8. Romance histórico I. Título.

17-06188   CDD-869.93081

Índices para catálogo sistemático:
1. Romance histórico: Literatura brasileira
869.93081

1ª impressão

Todos os direitos reservados à **EDITORA SANTUÁRIO** — 2017

Rua Pe. Claro Monteiro, 342 — 12570-000 — Aparecida-SP
Tel.: 12 3104-2000 — Televendas: 0800 - 16 00 04
www.editorasantuario.com.br
vendas@editorasantuario.com.br

*A minha mãe, que com seu amor incondicional me ensinou a amar Maria.
E a meus pais, que me deixaram a maior das heranças: o conhecimento.*

AGRADECIMENTOS

Agradeço a você, leitor, interessar-se por uma história contada por mim. Fazer você viajar pelo tempo será minha maior alegria. Contei essa história de forma honesta, porém admito que houve euforia e criação durante o processo.

Agradeço, em especial, ao padre Fábio Evaristo, Diretor Editorial da Editora Santuário, que acreditou desde o início na proposta do livro e foi responsável por trazer essa história à luz. Ao padre Victor Hugo Lapenta, que foi o primeiro leitor do livro e fez comentários e sugestões tão valiosos.

Agradeço a minha equipe de trabalho, responsável por garantir que depois da maratona das madrugadas escrevendo eu ainda pudesse fazer com que os outros projetos caminhassem em perfeita sintonia. Neto, Mayra, Ludimila, Gabriel e Carlinhos, vocês são meus anjos, muito obrigado por fazerem a mágica acontecer!

Agradeço a Weslei Salgado a paciência nas horas intermináveis nas quais falei sobre a história do livro. Seus conselhos ajudaram-me a entender melhor a história que estava escrevendo. A Luiz Nascimento, que me permitiu tirar proveito de sua inteligência e de seu conhecimento histórico, por meio das várias conversas que tivemos sobre a história do Brasil e sobre o contexto histórico do Vale do Paraíba, nos tempos do Brasil colônia.

Meus agradecimentos, em particular, ao Santuário Nacional de Aparecida, especialmente aos padres Luiz Cláudio e Daniel, e a Solange Parron, que sempre me presentearam com projetos que me levaram a estudar a história de Nossa Senhora Aparecida. A Dorothéa e a Maria Laura, do Centro de Documentação e Memória do Santuário Nacional, que me muniram de informações sobre o encontro da imagem.

Agradeço também ao time de ouro da Editora Santuário – Luana Galvão, Denis Faria e Ana Lúcia –, que revisou com maestria cada frase. A Bruno Olivoto, que diagramou o livro, e, em especial, a Mauricio Pereira, que traduziu todos os meus anseios em uma linda ilustração para a capa do livro.

Um agradecimento especial a minha família, que amo mais do que sou capaz de dizer ou mostrar. Agradeço serem tão compreensivos durante o tempo em que estive ausente, principalmente, nos momentos em que o bichinho da escrita esteve na ativa.

Por fim e, principalmente, um agradecimento especial a Nossa Senhora Aparecida que, além de ser fonte de inspiração e amor incondicional, permitiu-me contar de forma tão poética a história do início de sua devoção.

Romulo Barros

MOSTEIRO
DOS ARTESÃOS
1713

PRÓLOGO

Muitos anos depois de vencer a Guerra da Restauração e fazer de Portugal uma terra independente da Espanha, Dom João IV, o restaurador, pôs aos pés de Maria a coroa de rainha. Tornou a Santa Virgem Imaculada, sob a invocação de Nossa Senhora da Conceição, Padroeira do Reino de Portugal e de seus domínios. Determinou-se então que, onde os pés dos bandeirantes pisassem e lá riscassem os lineamentos de uma vila, seria erguida uma capela dedicada a Senhora da Conceição. E assim elas se multiplicariam por todo o território explorado pela coroa.

No Brasil, colônia de Portugal, a procura por artesãos e esculturas aumentou significativamente. Era preciso abastecer as igrejas das vilas espalhadas pelas capitanias com imagens e atender ao grande pedido por objetos religiosos.

Passado muito tempo depois, ainda era preciso que artistas, na maioria padres ou freis, trabalhassem depressa para esculpir mais e mais imagens em madeira ou barro.

Do barro viemos e ao pó voltaremos assim nos ensinou as escrituras sagradas. E de sagradas escrituras e barro cinza paulista, tudo sabia Agostinho de Jesus, um frei que vivia no Mosteiro dos Artesãos no interior da Capitania de São Paulo. Enquanto alguns freis preferiam esculpir na madeira, frei Agostinho se especializava na arte de esculpir a argila pelas infinitas possibilidades que ela dava ao escultor.

Os pedidos não paravam de chegar. Vinham de todos os lados da capitania. Frei Jerônimo, o prior do mosteiro, estava entusiasmado com as encomendas. A cada novo pedido, uma doação generosa era dada para o mosteiro.

Um dos pedidos chamava atenção. Tinha sido encomendada a escultura de uma pequena imagem da Imaculada Conceição. O pagamento havia sido feito e o benfeitor se mantinha misterioso. E frei Agostinho, o artesão do barro cinza paulista, já estava atrasado para a entrega da imagem pronta. Há dias sofria com uma total falta de inspiração. Rezou, implorou aos céus, tentou esculpir algo, mas a inspiração não tinha vindo até aquela noite fria de julho de 1713.

A oficina estava iluminada pelas chamas das velas de cera de abelha. E um aroma de cera exalava e tomava conta de todo o ambiente. No meio disso tudo, junto à mesa de modelagem, estava o Frei Agostinho olhando para o barro. Depois olhou para o Cristo crucificado, que estava acima de sua cabeça tomando conta dele e da oficina.

— O Senhor precisa me ajudar... me ilumine, mostre como devo esculpir sua santa Mãe.

E, olhando para suas mãos sujas de barro, disse:

— Seja minhas mãos. Use o dom que me deu.

Começou pela base. E, como no livro do Apocalipse, pôs a lua debaixo de seus pés. No meio, pôs a carinha de um anjo rechonchudo, com as asas abertas. Enquanto esculpia cada detalhe no barro, o forno se aquecia. O crepitar das chamas, consumindo as toras, aumentava consideravelmente o calor na oficina. As chamas das velas e da madeira que aquecia o forno cintilavam no barro molhado da imagem. Revelavam que a escultura ia ganhando forma. O porte empinado e inclinado para trás, visto quando a imagem era posta de perfil, evidenciava com clareza a gravidez de Maria. Frei Agostinho a fez grávida. Queria que sua criação fosse portadora de Jesus. Sabia que quando a venerassem, lembrar-se-iam de seu "Sim" aos planos de Deus.

Chegou à pequena cabeça. Pôs a singeleza no rosto de Maria.

— Nada de rosto bravo, sisudo. Quero-te sorridente! É assim que vejo teu rosto em meus sonhos.

Frei Agostinho sabia que o sorriso da Mãe de Deus alegraria o coração de quem a pudesse contemplar.

— Sorridente e adornada de flores, muitas!

O frei começava a adorná-las em relevo nos cabelos e muitas outras na gola caseada.

— Flores para exalar o perfume de Deus.

Ao terminá-las, foi para o detalhe das mãos. Era o momento que achava mais sublime. Começou a esculpir na argila as pequeninas mãos da Imaculada Conceição. Que perfeição! Miúdas, afiladas como as de uma menina. As mangas simples e justas, de muito requinte, para dar destaque as suas mãos em oração.

Terminado o trabalho, levou a escultura ao forno que ardia em vermelho brasa. Colocou-a com cuidado dentro do forno e devagar fechou a entrada com tijolos de barro maciço. Por entre as frestas dos tijolos, era possível ver a luz que brilhava com o arder da madeira em brasa.

Enquanto esperava a argila cozer, frei Agostinho rezou um rosário em louvor à Virgem Santíssima, pedindo por todos aqueles que precisavam de oração.

Sentia no coração que aquela seria sua maior obra. Sentia que Deus o tinha inspirado. Tanto que parecia sentir o aroma das flores. Quando terminou de rezar seu rosário, a imagem estava pronta.

A escultura de Nossa Senhora da Conceição ficou sobre a mesa de madeira rústica, esfriando para depois ser pintada. Enquanto isso, o frei preparava as tintas. As mãos e o rosto receberiam o branco. O vestido de gola de rendas arredondadas, que caía em pregas cobrindo-lhes os pés, seria pintado em um tom de vermelho granada. Já o manto, que deixava aparecer quase toda a frente do vestido, receberia o azul. Eram as cores oficiais, conforme determinação de Dom João IV.

Quando frei Agostinho terminou de pintar a escultura com as tintas artesanais, percebeu que o céu já começava a ficar claro no horizonte.

As velas ainda crepitavam dentro da oficina. Frei Agostinho se afastou para admirar sua obra de arte. Era uma visão celestial. Agostinho já escutava bem ao longe os outros freis entoando um canto em latim, saudando a Virgem Mãe de Deus.

Frei Agostinho olhava sem parar para sua obra-prima. As chamas brilhavam dentro de seus olhos, ainda mais por que estavam cheios de lágrimas, mas lágrimas de alegria.

De repente, um barulho do lado de fora da oficina o tirou do transe. Parecia que as madeiras tinham rolado. Era como se alguém as tivesse pisado por descuido e as peças de madeira tivessem rolado.

Imediatamente frei Agostinho pegou uma tocha e foi ver o que era. Ao chegar perto do monte de madeira, viu que algumas tinham rolado do alto, mas não havia motivo para elas terem caído nem quem as tivesse feito rolar.

Quando voltou para a oficina, constatou que sua obra de arte, a que tinha acabado de fazer, não estava mais lá. A imagem de Nossa Senhora da Conceição tinha desaparecido.

ESPANHA
1717

1 O guerreiro da Coroa

Espanha, 1717. As espadas brandiam. Aço com aço. As trevas trabalhavam incansavelmente para apagar a luz que guiava os povos. De um lado, os portugueses, do outro, os espanhóis. Lutavam há mais de dez anos por causa de sucessões monárquicas. Os espanhóis levavam a melhor sobre os soldados portugueses. O número de espanhóis no campo de batalha era infinitamente superior ao de portugueses.

Mas, subitamente, surgiu, no topo da colina Dom Pedro de Almeida Portugal e Vasconcellos, um militar de destaque, que, precocemente, tinha alçado o posto de general de batalha. Ele e sua tropa apareceram no momento certo para mudar completamente o curso da contenda entre espanhóis e portugueses.

— Vamos, homens! — gritou Dom Pedro — Vamos vencer!

Os soldados urraram com a ordem do jovem general. Ele partiu com seu cavalo, puxando a dianteira da tropa. Não tardou e atrás veio toda a sua tropa com mais de trezentos homens dos exércitos do Reino de Portugal. Dom Pedro de Almeida tinha feito fama nos quase dez anos que estava envolvido na Guerra da Sucessão. Sua espada já tinha rasgado mais soldados do que se podia contar. Era um guerreiro imbatível, e todos temiam quando ele estava no campo de batalha. Parecia possuído quando lutava. Conforme passava, deixava seus oponentes no chão sem nem terem chance de revidar.

— Não deem chance. Acabem com todos! — gritou mais uma vez para seus homens. — Avançar! Avançar!

Desceu de seu cavalo e começou a chutar quem ele encontrava pela frente. Dois soldados encontraram o chão de lama depois que o general os derrubou com um empurrão surpresa, seguido de chutes. Os soldados nem conseguiram ver o que os atingiu; a reação dos dois foi retardada. Já era tarde demais. Enquanto um se sacudia, Dom Pedro atravessava a espada no peito do outro. O que se sacudia não conseguia levantar porque o general sanguinário o segurava no chão, com o pé direito sobre seu peito.

— Não adianta. Sua vida está em minhas mãos. — disse o general com sangue nos olhos.

Tirou a espada e enfiou no peito do segundo soldado, sem que ele sequer pudesse revidar. Mas, antes que pudesse pensar, mais um soldado espanhol foi para cima dele. Foi só o tempo de arrancar a espada do peito de um soldado e, por debaixo de seu braço, golpear o outro que foi em sua direção.

Um a um, os soldados e as altas patentes da corte espanhola iam sendo derrotados. Dom Pedro liderava com punho de ferro. Para ele não deveriam existir presos de guerra. Todos deveriam morrer pelas mãos dos soldados portugueses. Dessa forma, conseguia poupar energia de sua tropa para batalhas sucessivas que travavam.

O brandir das espadas continuava por todo o campo de batalha. Os soldados portugueses pareciam ter ganhado força com a chegada das tropas de Dom Pedro. Não demorou muito para reverterem a situação. Agora eram os portugueses que levavam a melhor sobre os espanhóis. As tropas mais preparadas de Dom Pedro impuseram novo ritmo à luta e foram elemento-surpresa para os espanhóis já exaustos. Os homens ainda lutavam, o cheiro de lama misturado ao sangue era repugnante. Para onde se olhava, corpos espalhados tingiam o chão enegrecido da terra revirada. Os espanhóis estavam vencidos, todos mortos no meio da lama.

Os soldados do Reino de Portugal que não estavam feridos juntavam os mortos, em uma montanha de corpos, quando, ao longe, surgiram três cavalos. Por impulso, colocaram-se em prontidão para iniciar uma nova contenda, mas logo viram que eram Dragões Reais, da guarda oficial do rei. Na frente, vinha o mensageiro da coroa protegido por dois oficiais que marchavam um pouco atrás dele. Dirigiam-se para o centro do campo de batalha. Dom Pedro estava todo sujo de sangue. Em seu rosto uma maior parte tinha o sangue dos inimigos e na outra ainda podia se ver a pele pálida de um general. Ele acompanhava com o olhar o aproximar dos três oficiais da coroa. Logo que chegou, o mensageiro desceu de seu cavalo e se dirigiu, junto com Dom Pedro, para a tenda de campanha, que havia sido montada pelos soldados da tropa do general de batalha. As tropas observavam o mensageiro acompanhando Dom Pedro para a tenda, enquanto os Dragões Reais faziam a guarda dos dois. Chegando à tenda, os dois oficiais ficaram do lado de fora, enquanto o mensageiro e Dom Pedro entraram.

O general de batalha seguiu logo para uma bacia com água limpa. Começou a limpar seu rosto sujo do sangue que havia espirrado a cada golpe que deu com sua espada.

— A que devo a visita do mensageiro do rei em pessoa? — perguntou Dom Pedro com sarcasmo.

— General, El-Rei Dom João V pede que o senhor deixe os campos de batalha e parta para a corte. Ele o espera para uma audiência no palácio.

Dom Pedro parou um instante de lavar seu rosto. A água ainda escorria de sua fronte.

— Mas, e como ficará minha tropa? Qual a designação que tem para eles? — indagou Dom Pedro ao mensageiro do rei.

— Eles devem se juntar às tropas do general Urbano, ao norte do território espanhol, meu senhor — explicou o mensageiro ao general de guerra.

Dom Pedro sabia que, se suas tropas se juntassem às do general Urbano da Costa, estariam em boas mãos. Tinham servido juntos, logo no início da Guerra da Sucessão; mas, depois, com as constantes promoções e por assumir divisões militares distintas, acabaram não se encontrando mais em campo de batalha.

— Quando partimos? — perguntou o jovem general.

— Agora — disse o mensageiro.

BRASIL,
COLÔNIA DE
PORTUGAL
1717

2 A capela

Sebastião de Sá era um homem vivido. Um português bem quisto pela Coroa Portuguesa e, por ordem do Império, era um dos maiores exploradores de ouro na colônia. Tinha muitas terras e era dono de muitos negros. Um homem de muitos segredos.

— Eu passo debaixo do nariz deles, e eles nem imaginam o que trago comigo — confessou Sebastião.

Ele falava com o cavalo enquanto percorria a última parte do caminho até a capela no meio da floresta. Já avistava a entrada da capela de pedra, que se projetava entre as árvores, a porta de madeira rústica de duas partes fechadas por grossas correntes e um pesado cadeado de ferro.

Quando chegou diante da porta principal, desceu do cavalo e bateu no lombo do animal, como se desse tapinhas nas costas de um amigo.

— Mais uma viagem, meu amigo. Mais uma. Isso está ficando fácil demais — disse Sebastião. — Espere um pouco. Vou fazer minha oração.

Sebastião de Sá retirou dois objetos enrolados por um pano velho de um dos baús de carga, que estava preso ao arreio de seu cavalo. O animal relinchou e depois se acalmou. Sebastião tinha espantado os mosquitos que incomodavam seu cavalo.

O velho e astuto Sebastião olhou para os lados para ver se não estava sendo vigiado ou se tinham-no seguido. Viu que estava tudo tranquilo. Retirou a chave do cadeado, que estava em um cordão em seu pescoço, e abriu a porta dupla. Os raios de sol que conseguiam transpassar as copas das árvores invadiram a pequena capela.

Dentro, vários altares de madeira, todos eles abarrotados de santos, um mais lindo que o outro. Verdadeiras obras de arte cheias de apuro e requinte. Nas paredes laterais, tochas serviam para iluminar quando se usava o espaço de noite ou quando Sebastião não conseguia voltar antes do entardecer, pernoitando por ali.

Ele continuava com os dois objetos nos braços, enrolados em um pano velho. Com uma das mãos, tentou ajeitar as imagens existentes na capela para dar mais espaço para as duas novas que tinha trazido. Quando conseguiu arrumar dois espaços, desenrolou os panos. Eram mais duas lindas imagens: uma de Santa Clara e outra de São Francisco.

Era fato que Sebastião de Sá não tinha talento para esculturas, mas tinha tino para os negócios; conseguia todas as imagens de madeira de que precisava com Manco, um mascate nascido na colônia que ele conheceu logo

Brasil, Colônia de Portugal 1717

que chegou por aqui. Desde que veio para Vila Rica e descobriu ouro, ganhou confiança do Rei Dom João V e começou a fazer fortuna, tornando-se um dos homens mais poderosos de Portugal, vivendo na colônia, e um dos mais importantes para o Reino.

O trabalho que desempenhava extraindo ouro do coração das Minas fazia-o cada vez mais rico e, por consequência, o Império Português.

Lembrou-se de que não tinha dado água para seu cavalo. Voltou para saciar a sede do bicho e aproveitou para pegar seu caderno com capa de couro no outro baú de carga, preso à sela do cavalo.

— Sem isso não tem como finalizar meu trabalho — concluiu Sebastião.

Passou algumas horas averiguando as imagens. Anotava tudo no caderno. Quantas imagens existiam! Anotou as duas novas imagens que chegaram. Viu se estava correto. E constatou que estava tudo na mais perfeita ordem. Só ele conhecia a localização daquela capela no meio da mata. Pretendia começar sua viagem de volta antes que o sol se pusesse, mas não percebeu quando esbarrou em uma imagem que estava mais para a ponta do altar de madeira, derrubando-a no chão de pedra.

Quando a imagem tocou o chão, espatifou-se em duas revelando o que era tão precioso: ouro. Muito ouro. Dentro tinha muitas pepitas de ouro escondidas.

— Isso é hora de ser desastrado? — disse em uma espécie de autopunição pelo que tinha acabado de fazer.

Sebastião abaixou no chão e se pôs a juntar as pepitas que tinham rolado para todos os lados à volta da imagem rachada ao meio. Quando conseguiu juntar todas elas e esconder em outras imagens, o crepúsculo virava noite e já não seria mais seguro viajar. Resolveu então ficar por ali mesmo. Partiria no outro dia assim que o sol despontasse.

Sebastião de Sá trabalhava para a coroa e, debaixo do nariz de todos, contrabandeava o ouro que extraía. Acendeu uma vela, a única que existia naquela capela em meio à mata, e rezou, talvez pedindo a Deus que seus pecados não pesassem tanto. Depois virou e encontrou um canto no chão. Adormeceu junto com seus santos ocos cheios de ouro.

Na manhã seguinte, um raio de sol, que insistia em penetrar capela adentro, por entre uma fresta da porta, logo se aproximou do rosto do velho Sebastião e o fez acordar. Não demorou muito a estar pronto, com seu caderno de capa de couro nas mãos, tentando fechar a porta dupla com as pesadas correntes e o cadeado de ferro.

Caminhou até o cavalo e, mais uma vez, deu dois tapinhas em suas costas. Guardou o caderno no baú de carga e montou em seu cavalo. Pôs-se a caminho de casa. A viagem seria longa até Vila Rica.

Brasil, Colônia de Portugal 1717

3 No curso do rio

Filipe Pedroso voltava com sua canoa para a margem do rio. Seu filho Atanásio esperava por ele na margem direita do Paraíba. Tinha 16 anos, e nos três últimos estava aprendendo a pescar com seu pai. Já sabia tecer muito bem uma rede de pesca; mas seu pai ainda relutava em levá-lo para o rio. Sua canoa precisava passar por reparos antes que pudesse contar com a ajuda do filho para cruzar o rio Paraíba atrás de peixes.

— Conseguiu alguma coisa, pai? — gritou Atanásio.

Filipe já estava encostando a canoa na margem. Atanásio foi logo ajudando a puxá-la mais para cima. Pegou a corda e puxou com força.

— Nada, filho. Nada. O rio parece morto — concluiu Filipe.

Com Filipe já fora da canoa, continuaram a puxá-la para que os dois pudessem fazer os reparos necessários. Logo depois Atanásio tirou a rede de dentro da canoa.

Os dois viraram a canoa de cabeça para baixo deixando o casco de madeira exposto.

Atanásio pegou os materiais que o pai iria precisar para calafetar sua canoa. Existiam alguns lugares, que, no encontro das tábuas que formavam o casco, estavam minando água, quando a canoa estava dentro do rio.

— A pescada, aquela pequenina, quando tem, a gente pode escutar o roncado dela — disse Filipe para o

27

filho. — Se quiser saber onde tão os peixes, é só escutar o roncado deles.

— Mas pai, só pela roncada deles que consigo saber onde que tão os peixes? — perguntou Atanásio, trazendo os materiais e entregando para Filipe.

— Não, meu filho, seu olhar precisa tá aguçado pros peixes que pulam fora d'água, pro danado que vem rápido em cima buscar comida... Seu olhar tem que tá sempre atento — disse, olhando fixamente para o filho.

Filipe começou a tapar os buracos existentes no casco da canoa. Atanásio olhava o pai cobrir os buracos. Se não fizesse aquilo, poderia ser perigoso para Filipe ou qualquer outro que usasse a canoa. Ela poderia se encher de água e afundar no meio do rio, sem tempo de chegar a qualquer margem do Paraíba.

— Teus sentidos precisam se conectar com a natureza. Sentir a natureza te dizendo onde estão os peixes... Sentir a água do rio, com as estrelas...

— Por isso que o senhor pesca mais à noite? — perguntou o jovem Atanásio.

— Saio pro rio à noite porque é melhor para pescar. Acho que consigo sentir mais a natureza falando comigo — disse Filipe.

— Falando? Como assim, pai? — indagou o jovem.

— Não é que a natureza fale, mas a gente sente o vento diferente, as estrelas, o jeito como os animais reagem... — explicou Filipe.

Atanásio ouvia atentamente o que Filipe ensinava. O pai seguia consertando a canoa.

— Mas o nosso rio anda morto. Sem peixes. Hoje saí para pescar e não consegui um peixe sequer — falou Filipe com um peso na voz.

— Eu notei que o senhor voltou triste — constatou Atanásio.

Filipe assentiu com a cabeça. Já estava quase terminando de calafetar sua canoa. O rio ao fundo corria manso. Atrás da Mantiqueira o sol começava a se pôr, dando lugar à noite.

— Foi o vô que te ensinou a pescar? — perguntou Atanásio.

— Eu aprendi com meu pai, que aprendeu com o pai dele, e, como eles fizeram um dia, hoje eu ensino a você tudo o que aprendi — disse Filipe apontando para Atanásio ir para a ponta da canoa. — Me ajude a virar novamente.

Os dois viraram a canoa e a empurraram novamente para dentro do rio. Filipe ancorou sua canoa, e ela começou a dançar conforme as águas passavam por ela.

— Filho, você é minha maior riqueza, hoje eu passo tudo o que me ensinaram. Você é minha continuação e, quando eu não estiver mais aqui, será o legado que deixo para essa terra — concluiu Filipe com brilho nos olhos.

4 Vila Rica

Para muitos Sebastião de Sá parecia o rei de Vila Rica, e para ele, era. Em mais de dezesseis anos morando na região mineradora de ouro, respeitado à base do chicote, das represálias, na Capitania de São Paulo e das Minas, e das navalhadas de seu fiel escudeiro, Navalhada, era temido por todos. Não havia quem ousasse ir contra seus pensamentos.

Vila Rica era um caos movido pela ambição da riqueza fácil; o ouro era o combustível. Estava encravada nas encostas do Vale do Tripuí. Tinha sido fundada por bandeirantes paulistas afortunados na busca de ouro. Nunca se soube ao certo quem descobriu a primeira pedrinha de ouro nas terras do eldorado português, mas, passados muitos anos, sobrevivido à Guerra dos Emboabas, o povoado tinha virado um centro efervescente de pessoas de todos os tipos, em busca de enriquecer a qualquer custo; e Sebastião de Sá comandava a maioria das terras, tinha mais cativos do que qualquer outro português explorador de ouro que morasse na região e sempre estava precisando de mais. Seus negócios cresciam rapidamente.

A concorrência pela busca do metal precioso aumentava. Todos os dias chegavam homens dispostos a enriquecer a qualquer custo com o ouro que brotava do chão. Brancos e negros, ricos e pobres, aventureiros, paulistas e portugueses se misturavam na grande massa que extraía ouro de Vila Rica, um pedaço de terra montado em uma montanha de ouro que a Coroa Portuguesa tanto ansiava possuir.

Com a pressão da Coroa, homens como Sebastião de Sá sempre precisavam de mais mão de obra para manter o ritmo na extração do ouro e deixar Dom João V cada vez mais rico. Com isso, crescia em Vila Rica o comércio de escravos. E, naquela manhã de março, um novo carregamento de cativos tinha chegado do porto do Rio de Janeiro e já estava exposto na ponte de pedra, sob o Vale dos Contos, ao lado da Casa dos Contos, para que os senhores de escravos pudessem olhar e negociar com José de Souza, um mercador. Eram peças importantes na engrenagem da extração do ouro.

De um lado estava José de Souza e seus homens, todos traficantes de escravos. E de outro, homens com relativo poder aquisitivo, mas nenhum com o poderio de Sebastião de Sá. Alguns já olhavam os escravos expostos. Quando Sebastião de Sá surgiu em cima de seu cavalo, seguido por Navalhada, que conduzia uma carroça-gaiola, feita para transportar escravos, fez todos se afastarem das peças em exposição. Todos, incluindo José de Souza, já sabiam do jeito que Sebastião de Sá gostava de lidar com as coisas. Por esse motivo não quiseram se indispor com o rei das Minas. Quando chegou, desceu do cavalo, prendeu-o em um troco, e a seu encontro foi o mercador.

— Os melhores para o melhor dos meus compradores — falou o mercador já apontando os cativos que tinha.

Todos os negros estavam acorrentados para que não tentassem fugir e para que os compradores pudessem examiná-los com toda a tranquilidade possível.

Sebastião de Sá caminhou para próximo dos cativos. Antes de olhar, viu a cruz de pedra no meio da ponte, fez o sinal da cruz e pediu a bênção contra os maus-olhados. Só depois olhou os cativos que estavam expostos no meio da ponte de pedra. Não falou nada até observar todos de perto.

Navalhada avaliava os escravos de longe, enquanto Sebastião olhava peça por peça. Via a dentição. Fazia-os virar para ver melhor. Usava as mãos como pinças para avaliar as condições físicas de cada um deles.

— Sim, realmente parecem em bom estado — disse Sebastião. — De onde são?

— Angola. Vieram de lá — respondeu José de Souza. — Esses dois aqui me deram trabalho, mas são ótimas peças, dentes saudáveis e canelas finas. Bons de trabalho.

Os outros compradores observavam Sebastião de Sá comprar as melhores peças e sabiam que a eles restariam os piores escravos. Sebastião de Sá analisava Iana e Malik, dois negros de bom porte; ele tinha força, o corpo robusto e, aproximadamente, vinte e oito anos; ela, cheia de curvas, com encanto nos olhos e mais jovem que Malik.

Brasil, Colônia de Portugal 1717

— Meu caro, confie em mim. Esse negro bem-feito, novo, bom pra o trabalho nas lavras, vale trezentas oitavas de ouro; mas isso ele pagará em pouco tempo de trabalho — explicara José a Sebastião de Sá.

— Mas eu não pago isso. Dou duzentas oitavas — disse Sebastião impondo uma condição para o mercador. — É pegar ou largar pelo negro.

— É o meu senhor que manda. Que assim deseja... — concordou o mercador muito a contragosto. — Separem esse negro e o levem para a carroça.

Malik era arredio e, por isso, mostrou alguma resistência tentando se livrar das garras dos traficantes, mas Navalhada assumiu a situação e lhe deu uma paulada nas pernas. Imediatamente elas fraquejaram fazendo Malik cair de joelhos no chão de terra. De repente, Iana ficou agitada. Malik ainda estava com os joelhos no chão. Iana queria poder ajudar, mas estava presa aos outros escravos. Com muito custo, Malik conseguiu se erguer novamente.

— Sem valentia, negro, ou vai ser pior pra você — alertou Navalhada.

O feitor era o algoz que nenhum escravo desejaria ter. Malik olhou com raiva para Navalhada e, mesmo com muita dor nas pernas, continuou a caminhar para a carroça. Navalhada o escoltou e o prendeu na gaiola. Iana ainda estava agitada. Acompanhava Malik com o olhar. Quando ele ergueu a cabeça dentro da gaiola, ele a viu e, com o olhar apenas, fez com que Iana começasse a se acalmar. Navalhada voltou para perto de Sebastião de Sá.

— É pra você manter a ordem e não matar meus escravos — advertiu Sebastião.

Iana ainda respirava ofegante. Seu coração tinha disparado e agora começava a se acalmar. Tinha sentido essa mesma sensação ruim quando fora capturada perto de sua tribo. Diferente dos outros negros de sua aldeia, tinha conseguido fugir dos mercadores e traficantes portugueses. Conseguira se esconder por uns dias, mas foi encontrada pelos homens de José de Souza no alto de uma árvore; prenderam-na como uma caça e a trouxeram para a colônia.

Sebastião de Sá se aproximou de Iana.

— E essa aqui? — perguntou Sebastião para José.

— Essa negra de partes está saindo por seiscentas oitavas de ouro.

— Um absurdo! Pago trezentas oitavas. É um roubo, José! — esbravejou Sebastião.

— Mas, meu senhor, ela vale isso. Vou ficar na desvantagem se fizer por trezentas oitavas. Só isso foi o valor para trazê-la para a colônia — argumentou o mercador.

— Quinhentas oitavas?

— Trezentas e cinquenta e não tem mais conversa. Vou levar ela comigo — sentenciou Sebastião de Sá.

José de Souza fez sinal para um de seus homens soltar a escrava. Navalhada já estava perto e a conduziu para a carroça. Lá dentro Malik, com cara de poucos amigos, sentiu-se aliviado quando viu que Iana estava indo junto com ele.

— Não quer levar esse dois aqui por mais trezentas oitavas? — perguntou o mercador mostrando dois escravos.

—Você devia ter vergonha de me mostrar escravos com canelas grossas — disse Sebastião de Sá.

— Mas são dois escravos fortes — argumentou José.

— E preguiçosos — completou Sebastião. — Devia saber que escravo de canela grossa não gosta de trabalhar.

Sebastião encontrou dois escravos com canelas finas, de bom porte e de dentição boa. Pareciam saudáveis.

— Navalhada! — gritou Sebastião. Leve mais esses para a carroça. Vou acertar minha dívida.

Navalhada levou os outros dois escravos que não mostraram nenhuma resistência. José de Souza sabia da mixaria que Sebastião tinha pagado pelos escravos que levou, mas não podia fazer nada. Se fizesse, sabia que sofreria retaliação. Por isso, fazia vista grossa mesmo sabendo do prejuízo que estava tomando. Aproveitava então para arrancar mais oitavas de ouro dos outros compradores com menos poder e influência na corte portuguesa.

Sebastião de Sá terminou de assinar o registro de compra e venda dos cativos e deixou a pena dentro do tinteiro. Em seguida, pegou as cópias do registro de seus escravos e saiu na direção de seu cavalo. Enrolou-as e pôs na bolsa de couro que tinha na sela do animal. Montou no cavalo.

— José — gritou Sebastião, chamando a atenção do mercador. — escravo de canela grossa você chuta fora, porque não gosta de trabalhar. Vê se aprende isso! — berrou Sebastião de Sá, partindo com seu cavalo.

Navalhada seguiu logo atrás, conduzindo a carroça-gaiola com os quatro escravos que Sebastião de Sá tinha adquirido. Passaram por um grupamento de Dragões Reais, que chegava para a troca da guarda na Casa dos Contos.

5 Na estrada

O outono nos trópicos não se diferenciava do verão que acabara de terminar. Ricardo não estava acostumando ao calor que fazia no Brasil. Estivera na colônia, quando ainda era um menino, mas nunca mais voltara. Chegou há uns dias e ficou por uma semana no Porto do Rio de Janeiro, pernoitando em uma hospedaria. Lembrava-se da primeira vez que, com nove anos, avistara terra firme ainda dentro da nau que o trouxera com seu pai, Sebastião de Sá, e sua mãe, Dona Ana Sousa de Sá, para o Brasil. Agora com vinte e seis anos, Ricardo era um homem formado. A barba cerrada escondia seu rosto jovem.

Brasil, Colônia de Portugal 1717

Vinha de carona na carroça de tralhas do Manco, um mascate que vivia de pequenos negócios nas terras da colônia. Na traseira de sua carroça, havia louças e porcelanas, damascos e tapeçaria. Vivia se gabando, para quem pudesse, de que tinha os melhores brocados de toda a colônia. Dos vinhos e azeites, nem se fala. Além de especiarias e uma infinidade de outros artigos. O que se pudesse imaginar Manco tinha como fornecer. Era o que fazia de melhor: resolver os problemas dos outros com seu pequeno negócio ambulante.

— Que sorte te encontrar no porto. Já disse isso, não disse?

— Sim, Manco, me disse. Fez isso do porto do Rio de Janeiro onde te encontrei até agora — mencionou Ricardo. — Mas sorte foi a minha de encontrar você, meu amigo, e mais sorte ainda descobrir que estava vindo para o lado das terras de meu pai.

— Ele vai gostar da surpresa. Sei que vai.

— Espero que goste, porque vim pra ficar por um bom tempo.

— Ele vai gostar. Toda vez que encontro com ele, fala de você. Que está um homem. E agora posso ver que o que ele diz é verdade. A Coroa Portuguesa confia no seu pai. Já é o maior extrator de ouro da colônia. Só perde para Dom Manoel, na capitania da Bahia. Mas não vai demorar muito a passar aquele velho ranzinza — disse Manco.

Ricardo escutava atento ao que o mascate contava.

— Fiquei sabendo que seu pai foi autorizado a explorar mais uns cem hectares de terras nas Minas de Ouro. Vai precisar de mais gente pra ajudar.

— Provavelmente.

— Você chegou em boa hora. E sua mãe, não veio?

— Ela não sabe que vim. Aliás, agora já deve estar sabendo — constatou Ricardo.

— Ah, sim! — disse Manco olhando para Ricardo e depois voltando a olhar para frente.

Manco era um homem de confiança. Sabia guardar um segredo como ninguém. O que via ou ouvia não contava. Talvez esse fosse o segredo dos seus negócios com Sebastião de Sá. Conhecia os segredos do maior explorador de ouro na capitania das Minas de Ouro, mas não saía contando-os aos quatro cantos da colônia.

— Seu pai sabe pelo menos que está chegando? — perguntou Manco.

— Sabe. Já está sabendo — respondeu Ricardo. — Precisava de um tempo, e não seria em Portugal que conseguiria pensar melhor.

Os dois continuaram a cruzar as estradas das Minas para chegar a Vila Rica. Essas vias Manco parecia conhecer muito bem, visto que, para difundir seu pequeno comércio de retalhos e, sobretudo, de vendedor ambulante, era preciso conhecer cada palmo de terra e cada vila que estivesse no caminho.

Brasil, Colônia de Portugal 1717

Ainda faltavam algumas léguas para chegarem às terras onde brotava ouro quando, de repente, viram-se em uma área com árvores frondosas dos dois lados da estrada. A mata começou a ficar densa, o suficiente para não se conseguir ver o seu fim. Partes de estrada assim eram propícias a emboscadas e assaltos. Todo cuidado era pouco, e Manco sabia disso. Transitava por todas as partes da colônia com sua carroça cheia de utensílios. Conhecia bem os bandos de degredados e criminosos que se aproveitavam desses lugares escondidos para levarem toda a riqueza de quem ali passasse.

Manco seguiu conduzindo a carroça com cautela, quando, depois de uma curva, depararam-se com um senhor caído no chão, em um lugar que chamavam de Volta Fria. Manco, de repente, puxou o cabresto, fazendo o cavalo e sua carroça pararem.

— Hum, isso não é um bom sinal — alertou Manco.

Manco olhou para Ricardo com um olhar de desconfiança. Por segurança, sua mão já estava na pistola que mantinha escondida debaixo do banco da carroça. Era leve e de cano curto com o cabo feito de marfim, e ele se orgulhava de tê-la comprado de um mercador espanhol.

— Será que tá morto? — sussurrou Manco.

— Não sei, pode estar só ferido. Vou lá ajudar — disse Ricardo, levantando-se do assento da carroça.

— Você é doido? Quer morrer? — sussurrou Manco, tentando chamar a atenção de Ricardo. Mas Ricardo já estava no chão e caminhava na direção do velho com cautela.

— Vai que é algum salteador se fazendo de vítima, Ricardo. Ah, meu Deus! Esse menino não sabe os perigos da colônia! — alertou Manco.

Ricardo já estava próximo do velho caído no chão da estrada. Foi se aproximando com cautela, quando o velho se mexeu com dificuldade. O jovem viu que realmente ele estava machucado. Virou-se para o lado da carroça e fez sinal para Manco descer e ir ajudar.

Manco desceu com cautela, escondeu a pistola na cintura de sua calça e foi mancando na direção do velho e de Ricardo. Puxava a perna direita, mas isso não era um empecilho para ele, já que esse era um defeito que o acompanhara desde seu nascimento e com quem ele já havia aprendido muito bem a conviver.

Ricardo se aproximou e agachou ao lado do velho.

— O senhor está bem? — perguntou o jovem.

— Com um pouco de dor, mas acho que bem. Acho só que bati a cabeça na queda — disse o velho.

Manco já estava próximo.

— O senhor não pode ficar andando sozinho por essas estradas. É perigoso — alertou Manco, ainda vigiando o entorno.

Brasil, Colônia de Portugal 1717

Ricardo ajudou o velho a se levantar.

— Obrigado meu filho, você é muito gentil — falou o velho enquanto tirava sujeira da roupa —, diferente dos outros dois que levaram todo o meu dinheiro, esvaziando meu bolso, e depois me atacaram quando ouviram vozes se aproximando.

— Devia sermos nós — concluiu Manco.

— Sim, mas não quer seguir conosco? — perguntou Ricardo, enquanto Manco o olhava de canto de olho.

— Não será preciso. Já estou perto de casa. Vila Rica está logo adiante. Além do mais, não quero atrasar mais a viagem dos dois — disse o velho.

Ricardo pegou de seu bolso algumas moedas e deu para o velho.

— Seu bom coração, meu jovem, faz tudo isso que me aconteceu não doer tanto. Sou do tempo que nesse lugar reinava a paz. Obrigado — disse o velho recusando as moedas de Ricardo.

— Por favor, aceite. É o mínimo que posso fazer pelo senhor.

— Já fez muito dedicando um pouco do seu tempo a me ajudar.

— Use para os ferimentos — disse Ricardo, colocando as moedas na mão direita do velho e fechando os dedos sobre elas, para que ele aceitasse.

O velho assentiu com a cabeça.

Ricardo e Manco logo voltaram para a carroça. Manco voltou com a pistola para debaixo de seu banco. O velho já caminhava novamente quando a carroça passou por ele. Ricardo deu adeus e continuaram a viagem.

— Essas estradas não são as mesmas depois que Portugal descobriu o ouro aqui nas Minas — falou Manco, ao mesmo tempo em que deu uma chicotada no lombo do cavalo, para irem mais rápido. — Nem posso exercer minha profissão com tranquilidade. É perigo pra tudo quanto é lado.

— E onde estão os guardas da coroa? — perguntou Ricardo.

— Estão protegendo o ouro. Não cuidam das pessoas, muito menos da segurança delas. Os Dragões Reais cuidam do ouro do Rei, pra não deixarem que uma só fuligem de ouro seja perdida — concluiu o mascate.

Manco não só conhecia as terras da colônia, mas também como tudo funcionava por aqui. Sabia que cada vez mais as estradas estavam perigosas, ainda mais o Caminho Geral do Sertão, conhecido por todos como Caminho Velho, que levava o ouro de Vila Rica para o porto de Paraty e, de lá, para Portugal. Era uma estrada estratégica para ser a principal boca de Minas, e, por isso, era a que os bandidos e pequenos bandos de saqueadores preferiam atacar.

— Já ouviu falar do Bando dos Sete? — perguntou Manco.

Brasil, Colônia de Portugal 1717

Ricardo olhou para Manco se perguntando o que seria esse Bando dos Sete.

— Pelo visto não. Ricardo, uma viagem só não vai ser o suficiente pra te ensinar a se virar na colônia.

Ricardo riu da conclusão de Manco.

— Isso aqui é muito grande, meu amigo. Levaria anos me ensinando. Mas me conte sobre esse Bando dos Sete.

— Só peço que não se meta com essa gente. Não vale a pena ficar contando essas histórias, dando páginas de manuscritos, relatando os feitos dessa gente de sangue ruim.

— Conte tudo! — disse Ricardo.

— São sete homens liderados pelo degredado João da Cruz, o Rato, como todos conhecem. Não há o que saber mais, meu rapaz. Só não queira cruzar com um deles pelo caminho — completou Manco.

6 Como animais

A jaula da carroça sacudia com os buracos da estrada. A cada solavanco, os negros acorrentados a ela sacudiam junto. As pernas de Malik ainda doíam por causa da paulada que tinha levado de Navalhada. De tempos em tempos, o feitor dava uma olhada para trás para averiguar se estava tudo certo. Viu que Iana estava de pé observando o caminho.

— Já sabe o que vai fazer com a escrava? — perguntou Navalhada, guiando a carroça pela estrada.

— Vai ficar com a Chica — respondeu Sebastião em seu cavalo acompanhando o ritmo da carroça. — A velha está precisando de alguém que ajude nos afazeres do casarão.

A escrava sentia o cheiro dos novos aromas que conseguia captar. Passavam por um campo, onde escravos roçavam o mato alto. O aroma do verde cortado pela lâmina de ferro da foice chegava até Iana.

— E os outros? — continuou Navalhada.

— Pode levar para as lavras. Preciso desses negros de bateia na mão hoje mesmo. Dom João pede pra aumentar o volume de ouro enviado pra Portugal, e eu preciso lucrar com esse negócio — concluiu Sebastião.

Perto de Iana estava Malik, que conseguiu, com muito custo e dor, aproximar-se dela. Os músculos tensos de seu rosto revelavam a revolta de seu coração. O corpo também estava em constante tensão, como se buscasse proteger mais do que só ele. Iana olhava para as árvores, para as flores que cresciam teimosamente na beirada do caminho; tudo era diferente do que já tinha visto em seus vinte anos pisando este chão. Até o cheiro das coisas era diferente. Ela, por vezes, fechava os olhos e deixava o sol aquecer seu rosto. Ele deixava sua pele ainda mais bonita. Acentuava o tom chocolate que seu corpo possuía.

— Ricardo está chegando — disse Sebastião quebrando o silêncio.

Brasil, Colônia de Portugal 1717

Navalhada olhou com surpresa para Sebastião. Não tinha sequer ouvido falar que Ricardo voltaria. Quanto mais, que já estava para chegar.

— E quando ele chega? — perguntou Navalhada despretensiosamente.

— Por esses dias. Talvez hoje. Não entendi a decisão precipitada de vir para a colônia — disse Sebastião.

Sebastião continuava um pouco mais à frente com seu cavalo. Mas logo Navalhada equiparou a carroça ao cavalo do patrão.

— Patrãozinho deve tá vindo pra ajudar — sugeriu o feitor.

— Preciso de ajuda, mas o Ricardo com aquele coração mole dele pode mais atrapalhar do que ajudar.

— Viver na corte estragou o patrãozinho. Ele devia ter crescido aqui, com o patrão.

Sebastião puxou o arreio, e seu cavalo parou repentinamente. Logo navalhada também retesou a corda do arreio da carroça, que acabou parando um pouco mais à frente.

— Aconteceu alguma coisa, patrão? — perguntou Navalhada.

— Você e essa sua boca grande. Meça suas palavras para falar do meu filho, Navalhada — falou Sebastião com tensão na voz.

Os escravos observavam Sebastião falando com Navalhada. O tom tenso da voz de Sebastião de Sá tinha chamado a atenção deles.

— Não é porque você é meu braço direito que te dou certas liberdades para falar do meu filho — advertiu Sebastião.

Os dois se olharam. Navalhada só assentiu com a cabeça e não disse mais nada. O rei do ouro voltou a cavalgar, e a carroça o seguiu. Aquilo tinha mexido com Sebastião de Sá, com o brio dele e com o fato de não ter criado o filho do jeito que queria.

Só se ouvia o barulho das correntes dos escravos tilintando e o cavalgar dos cavalos. Os dois seguiam em silêncio pela estrada. Não demorou muito para chegarem às terras de Sebastião. Já conseguiam avistar de longe o grandioso e imponente casarão no alto da colina. Logo chegaram ao portão que dava acesso à estrada de chão, a qual levava até a imponente construção do século VXII, que Sebastião havia mandado construir para morar com sua esposa e seu filho. Entretanto morava sozinho desde que sua doce Ana voltara para Portugal com Ricardo.

Passaram pelo portão e começaram a subir a estrada da colina em um ritmo lento. Iana olhava impressionada para o grande casarão, que estava ao final da estrada.

A carroça já estava quase na metade do caminho quando Navalhada resolveu quebrar o silêncio, novamente, que ele mesmo havia provocado.

— Levo os negros para as minas ou para batear no rio? — perguntou.

Brasil, Colônia de Portugal 1717

—Ponha os três negros no rio — ordenou Sebastião. — Deixe a negra comigo.

Os olhares de Malik e Iana se encontraram quando chegaram à metade da colina e a carroça parou. Eles estavam em uma parte do caminho que possuía um entroncamento. Era o começo de uma nova estrada, que circundava a colina e dava nas minas e em um riacho atrás da propriedade de Sebastião de Sá.

Navalhada desceu da carroça e abriu a jaula. Puxou com força as correntes de Iana, que foi para perto dele em um solavanco. Malik tentou reagir, mas Navalhada foi mais rápido surgindo do nada com sua navalha com cabo de marfim. Ameaçou cortar Iana caso ele fizesse algo; Malik recuou. Navalhada tirou Iana da carroça, depois, suas correntes e, por fim, pôs uma corda amarrada em seu pescoço e deu a outra ponta ao patrão, para que pudesse conduzir a escrava até o alto da colina.

— Dê um jeito nesses negros — ordenou Sebastião.

— Sim, meu senhor.

Navalhada fechou novamente a porta da jaula e subiu na carroça. Seguiu pela estrada, que circundava a colina.

Sebastião começou sua jornada até o topo.

— Agora somos nós — disse Sebastião.

Os dois começaram a subir a outra metade da colina. Iana vinha mais atrás no chão, sendo puxada por Sebastião.

Perto dali, a carroça de Manco apontou. Os dois vinham em ritmo acelerado. Ricardo estava animado por estar próximo da casa de seu pai.

—Nem acredito que estou voltando para cá dezesseis anos depois — disse Ricardo.

—Lembro como se fosse hoje o dia que levei você e sua mãe embora. Seu pai não queria, mas não teve muito que fazer — contou Manco. — Dona Ana de Sousa é uma mulher de decisão. Nem o velho Sebastião foi capaz de mudar a opinião dela.

—Nem ele, Manco. Nem ele, o Rei do Ouro! — disse Ricardo.

Manco seguiu com a carroça, tentando fazer seu cavalo trotar o mais rápido que pudesse.

Quando Ricardo olhou para o alto, avistou o casarão que não via desde quando ele voltou com sua mãe para Portugal, antes mesmo de completar seu décimo aniversário. Estava impressionado de como ele se lembrava de detalhes do velho casarão: suas doze janelas, seis para cada lado da entrada principal, a escadaria de pedra sabão, toda cheia de detalhes feita por um artesão que o pai tinha contratado, a velha senzala debaixo da casa, o lugar que ele menos gostava, pois não aguentava ver o sofrimento dos cativos. Avistou, ao longe, alguns escravos trabalhando para deixar a propriedade limpa.

Na grande sala do casarão, Chica, a escrava velha cuidava da casa.

Brasil, Colônia de Portugal 1717

—Limpando o chão como patrão quer. Limpando como o patrão gosta — sussurrava Chica.

De repente ela escutou o patrão chegar. Correu para recebê-lo. Saiu na porta principal e viu Sebastião de Sá descer do cavalo enquanto segurava uma escrava nova presa a uma corda. Sebastião viu Chica no alto da escadaria.

— Trouxe a escrava que você tanto me pediu, Chica — disse o patrão.

— Chica agora tem uma nova ajudante? É isso, meu senhor? — Chica perguntou alegre, não acreditando que poderia dividir as tarefas do casarão com outra escrava.

— Essa daqui é pra te dar um pouco de descanso, velha! — gritou Sebastião.

Chica sorriu aceitando de bom grado a nova companheira de trabalho. Desceu as escadas e foi encontrar com os dois. Iana olhava para Chica ainda assustada.

— Ela é muito bonita, meu senhor — disse Chica.

Iana olhava para a escrava velha enquanto ela tirava o laço de corda que estava em seu pescoço.

— Não tenha medo. Não vou te machucar.

De repente os três escutaram uma carroça barulhenta subir a estrada da colina. Ainda não conseguiam identificar quem era.

— Parece a carroça do mascate! — disse Sebastião. — É o Manco. E trazendo o Ricardo.

— É mesmo o patrãozinho! — disse Chica surpresa.

Ricardo e Manco já se aproximavam com a carroça. Chica deixou Iana de lado e foi ao encontro da carroça, que já estava quase próxima do casarão.

A carroça parou, e Ricardo desceu.

— Como você cresceu, meu menino — disse Chica já abraçando Ricardo.

Ricardo retribuiu o abraço.

— Também estava com saudade, minha doce Chica — disse ele com carinho.

Ricardo avistou o pai e foi lhe dar um abraço. Chica foi para perto de Iana, e as duas ficaram olhando para pai e filho.

— Mas está um homem formado. Nem reconheci quando vi a carroça subindo.

— Os bons ventos de Portugal fizeram bem ao seu filho — disse Manco trazendo a bagagem de Ricardo.

— Meu velho amigo Manco! — disse Sebastião cumprimentando o amigo. — Obrigado por trazer meu filho até aqui.

— Não há o que agradecer meu patrão — disse Manco. — Mas agora preciso seguir viagem. Preciso fazer negócios por Vila Rica.

— Quem não precisa, não é verdade? — completou Sebastião.

— Deixarei as bagagens na parte de trás do casarão — avisou Manco.

Brasil, Colônia de Portugal 1717

O mascate voltou para a carroça e começou a conduzi-la para trás do casarão.

— Adeus meu amigo — gritou Ricardo.

— Estarei na vila. Me procure para bebermos uma pinga — berrou Manco já longe com a carroça.

Ricardo então se virou e tirou o chapéu, foi quando viu Iana e a observou pela primeira vez. Iana já o observava desde que ele tinha descido da carroça do mascate. Os dois se olharam por instantes, mas para eles pareceu uma eternidade. O mundo parou. Nada mais importou para eles. Parecia só existir os dois na entrada do casarão.

— Vamos menina — falou Chica tirando Iana do transe que estava. — Não temos o dia todo, ainda mais que o patrãozinho chegou.

Chica e Iana subiram a escadaria seguidas de Sebastião e Ricardo.

— Vou te ensinar a preparar a banheira para o patrãozinho tomar um banho — disse Chica.

Iana tinha ficado encantada com o jovem patrão. Não sabia explicar para sua própria cabeça os sentimentos que estava tendo. Mas tinha quase certeza de que era paixão.

7 Conselho ultramarino

A carruagem trazendo Dom Pedro de Almeida adentrou os jardins do palácio. O encontro com Dom João V estava marcado para antes do almoço. O

Conselho Ultramarino costumava despachar assuntos ligados à colônia portuguesa, abaixo da linha do equador, nas quintas e nas sextas, e naquela sexta de março estava para ser definido o destino de Dom Pedro de Almeida Portugal.

De repente a carruagem parou. E um soldado dos Dragões Reais abriu a porta para que Dom Pedro pudesse descer. Apesar dos quase dez anos lutando à frente do exército português, não esperava que estaria tão cedo diante de seu soberano, muito mais sendo recebido em seu suntuoso palácio. Dom Pedro já havia sonhado de olhos bem abertos com o dia que seria reconhecida a sua importância para o Reino de Portugal. Mas não imaginava o que Dom João V, o Magnânimo, como era conhecido, queria com ele. Uma promoção, talvez.

Dom Pedro de Almeida ainda estava de pé na porta da carruagem quando o mensageiro do rei se aproximou.

— Ele espera pelo senhor — avisou o mensageiro.

Dom Pedro tinha se tornado general de batalha com vinte e um anos. Hoje, aos vinte e oito, via-se adentrando o palácio real português; uma honra que guardaria no mais íntimo de seu ser.

Os Dragões Reais guiaram Dom Pedro de Almeida pelos corredores, abrindo e fechando portas. Passavam por grandes salões abarrotados de detalhes, cheio de obras de artes, ouro, lustres de cristais com velas, grandes espelhos e prataria. O que se via de luxo do lado de fora se multiplicava do lado de dentro do palácio de Dom João.

Quando entrou no salão que antecedia o Grande Conselho, deparou-se com uma porta imensa. Mais dois Dragões Reais guardavam a entrada. Dom Pedro seguia no meio dos dois Dragões Reais, que o conduziam, e atrás do mensageiro do rei.

Os soldados abriram a porta branca e dupla, que, cheia de detalhes em folhas de ouro, dava para o salão do grande Conselho Ultramarino. No centro, estava Dom João V e, a sua volta, de cada um dos lados, dois fidalgos de guerra, à esquerda Dom Antônio de Meneses, o Marquês de Alvito, e à direita Dom Nuno Pereira, Marquês de São Miguel. E, ainda à esquerda do Marquês de Alvito, estava Gonçalo das Leis, um letrado versado nas leis do direito romano e em regras das colônias, estudo desenvolvido desde o descobrimento por Lourenço Henriques. Esse era o Conselho Ultramarino, a remodelação do Conselho das Índias. Os três se encarregavam de instruir e aconselhar Dom João V, da dinastia dos Bragança, sobre os negócios relativos aos Estados do Brasil, Índia, Guiné, ilhas de São Tomé e Cabo Verde e demais partes ultramarinas da África. E sua maior atribuição era o provimento de cargos para a Coroa Portuguesa no Reino e em suas colônias. Era um tribunal poderoso.

— Seja bem-vindo, general — disse Dom João. — Eu e meu conselho aguardávamos a sua chegada.

— Estou aqui, Majestade, e é uma honra.

— Guarde seus elogios para o senhor, general.

Dom Pedro ficou em silêncio, à espera do que o rei tinha para lhe falar. Varreu a sala com o olhar à procura de uma cadeira para sentar junto ao conselho, mas não encontrou. Os quatro olhavam para ele, não sabia ao certo o que aconteceria.

— General, o senhor sabe que o rei sabe de tudo do seu reino — disse Dom João.

— Sim, eu sei, Majestade.

— E eu sei que o senhor está diante de mim não somente pelo meu chamado, mas também pelas possibilidades que a sua vinda aqui poderia trazer para sua vida financeira — disse o rei olhando para Dom Pedro.

— Em parte.

— Não minta para seu rei — alertou Dom João. — Não estou preocupado de como perdeu a fortuna do seu pai e como seu sogro não ajuda em nada.

A família de Dom Pedro de Almeida gozava de muita estima por parte de Dom João V. Tinham sido leais à Coroa portuguesa por todos os anos, em que a dinastia dos Bragança reinava; não tinha sido diferente nos quase dez anos de batalhas na guerra da Sucessão Espanhola, por isso, El-Rei lhes era grato.

— Quero sua ambição, general. A sua ambição é o que eu desejo. Tenho um problema, e sua crise financeira me ajudará a solucionar o que nenhum homem conseguiu resolver — disse o rei, enquanto os outros olhavam atentamente para Dom Pedro.

— O general já deve ter ouvido falar da nossa colônia brasileira e da descoberta das Minas, não ouviu? — disse Dom Nuno, o Marquês de São Miguel.

Dom Pedro de Almeida assentiu com a cabeça que sim.

— Meu caro, Dom Pedro, o Brasil é uma colônia de gente afeita à violência e à preguiça — disse Dom João. — Mas queríamos o quê? Meus antecessores jogavam degredados e criminosos aos montes nas praias da Bahia de Todos os Santos.

— Nos últimos anos com a descoberta do ouro, unificamos o governo das capitanias. Temos uma grande extensão de terra, muito ouro a ser descoberto ainda, revoltas que esse povo insolente provoca e um governador que não dá conta do recado. Precisamos de alguém forte, de decisão rápida — comentou Dom Antônio, o Marquês de Alvito. Dom Pedro não conseguia ainda opinar sobre o que o Rei e os seus conselheiros estavam falando. El-Rei olhou para o rosto jovem do general por um momento e disse:

—Meu caro Dom Pedro, a realidade das Minas de Ouro é complexa, imprevisível e muitas vezes incontrolável — Dom João o alertava. — Mas acredito que com sua frieza nos julgamentos e a rapidez em batalha sejam instrumentos letais no desmantelamento de qualquer revolta. Aquele povo precisa de sua autoridade.

Dom João V sabia que era crescente o número de ataques a carregamentos de oficiais de riquezas da Coroa, arrecadados com o imposto do quinto do ouro. Que bando de saqueadores se multiplicavam pelas capitanias, principalmente nas Minas, e que faltava a Dom Braz, governador da Capitania de São Paulo e das Minas de Ouro, a tenacidade e o pulso forte.

— Se ainda não entendeu, general, preciso de um homem ambicioso, com frieza de sobra para comandar julgamentos rápidos e que aumente a arrecadação do ouro na colônia — explicara El-Rei, Dom João.

— Escolhemos o seu perfil por isso, caro general. Não há outro melhor. Te escolhemos entre oito nomes — disse Gonçalo.

— Sua postura diante das tropas na Guerra da Sucessão ajudou e muito na nossa decisão. Sem dúvida é o homem do qual estamos precisando — explicou Dom Nuno.

Ao mesmo tempo que não falava nada para que não fosse repreendido pelo rei, Dom Pedro pensava que agora estava recebendo o reconhecimento merecido. Teria uma capitania inteira de dimensões inimagináveis para comandar.

— Seja hábil — sugeriu Dom Antônio. — Distribua as terras a quem tiver capacidade de extrair ouro e, depois, faça com que o ouro chegue a Portugal. Dessa forma, todos nós ficaremos felizes.

— E o general resolve sua crise financeira — disse Dom João.

A recompensa não seria pouca, Dom Pedro lucraria muito com a vinda para a colônia. Ele sabia o quanto um enviado do rei ganhava por sua lealdade.

— Existe uma ferida aberta onde o ouro se esvai. Precisamos de alguém que contenha essa ferida. Aceita o desafio? — completou Dom João.

Ambicioso, ele não pensou duas vezes.

— Aceito.

8 Secos e Molhados do Sabará

Pelas entradas de Vila Rica chegavam mais e mais homens, na maioria brancos e mestiços, que vinham espontaneamente em busca do sonho dourado. Na ponte de pedras sobre o Vale dos Contos, José de Souza vendia um novo carregamento de negros. Outros escravos trabalhavam carregando tonéis de azeite e vinho, vindos de Portugal. No meio dessa confusão, estava Manco, com sua carroça parada no centro da vila, abastecendo a gente de Vila Rica com produtos de que ela necessitava. Na lateral da carroça havia uma portinhola aberta, e, lá dentro, podia-se ver um mundo de coisas que ele comercializava. Em volta, algumas mulheres, esposas dos senhores de escravos. Ele mostrava para elas porcelanas.

— Senhora, chegaram semana passada no porto do Rio de Janeiro e de lá para o centro nervoso da corte na colônia — Manco falava entusiasmado vendendo os pratos de porcelana.

Manco viu Ricardo chegando ao centro da vila. Ricardo vinha observando a vida na vila, calmamente pela rua formada pelo casario; olhava para os sobrados e para os solares que se erguiam diante dele.

— Madame, a senhora não vai encontrar porcelana de qualidade assim nem na capitania de São Paulo. Acredite no que estou falando — advertiu Manco, querendo vender seu produto.

A mulher pagou pela porcelana. Quando Manco entregou os pratos para o negro, que acompanhava a mulher, carregar, Ricardo já estava mais próximo da carroça.

— Vai ficar vendendo ou podemos ir beber no Secos e Molhados? — brincou Ricardo.

— As vendas podem esperar — disse Manco, já baixando a portinhola e trancando a carroça.

Os dois partiram rumo à venda de Secos e Molhados do Sabará. Cinco portas compunham a frontaria da venda. Logo na entrada, sacos de estopa guardavam quilos e mais quilos de mantimentos, como arroz, farinha, milho, feijão e muitos outros itens; no alto, pendurado, havia fumo de rolo e linguiça de porco defumada. Era preciso desviar de tantos sacos no chão. Também se encontravam, além de muita pinga, mantas de algodão para as montarias, peneiras com suas múltiplas utilidades, bateias, almocafres, chapéus de sol, tachos de cobre e mais uma infinidade de produtos. Atrás do balcão, erguia-se uma grande prateleira de madeira, com todos os tipos de pinga, já produzidos na capitania de São Paulo e das Minas. Ricardo observou que em outras prateleiras espalhadas pela venda ficavam os itens, como mantas de algodão, chapéus, tachos de cobre, vasilhames para cozinhas e algodão para fazer roupas. Era muita coisa para se perceber apenas com uma passada de olhos; mas Ricardo e Manco não estavam ali para compras e, sim, para se divertirem e beberem. Seguiram para o balcão e deram de cara com Sabará, o dono da venda. Era um homem feio, baixo em estatura, que se vestia mal; entretanto sabia receber bem seus clientes.

— Sabará, desce duas pingas — gritou Manco para o dono da venda.

— Só duas? — indagou Sabará.

— Desce uma garrafa inteira. É por minha conta! — disse Ricardo.

— Se assim o meu senhorzinho e amigo deseja... Quem sou eu para dizer o contrário? — disse Manco com um sorriso no rosto — Uma da melhor, Sabará.

Manco viu uma mesa vazia no salão, ao lado da parte da venda. No fundo, um grupo de negros animavam o entardecer na venda de Secos e Molhados. Variavam entre o maxixe, o samba e o lundu.

Sabará desceu uma garrafa de pinga para os dois e pôs dois copos pequenos em cima do balcão.

— A melhor — disse Sabará. — Aproveitem!

Manco pegou a garrafa, e Ricardo os copos. Foram sentar-se à mesa que estava vazia.

— Você precisa aprender a dançar outros ritmos, Ricardo. As valsas europeias não estão com nada — gritou Manco para Ricardo.

A música estava mais alta. Os negros, com seus atabaques, com o ganzá e o agogô, faziam o corpo dos brancos balançarem ao final de mais um dia de trabalho. A venda começava a encher de mineradores.

Os dois bebiam a pinga e comiam linguiça defumada, enquanto os negros divertiam os mineiros com sua música animada. A noite já despontava, e os lampiões e tochas foram acesos.

— Seu pai mudou muito desde quando chegou aqui na colônia — disse Manco para Ricardo.

— Todos nós mudamos — concluiu Ricardo.

— Todos nós mudamos, mas você mudou para melhor. Olha que rapagão! Deve estar cheio de pretendentes — sugeriu Manco.

— Pretendentes... Meu Pai já deve ter contado para você que estou prometido a uma condessa inglesa — contou Ricardo. — Vamos mudar o rumo dessa prosa, Manco.

— E como no coração não se manda, você não quer se casar — deduziu Manco.

— Não, não quero. Não sinto nada por ela. Mas não quero mais falar disso.

Manco e Ricardo já tinham tomado mais da metade da garrafa de pinga. Estavam levemente alterados. Os dois estavam acostumados a beber, mas não estavam acostumados a essa pinga forte que Sabará tinha oferecido a eles.

— E essa lenda que corre que seu pai tem um caderno de couro com mapas do ouro das minas da Coroa portuguesa... É verdade? — perguntou o curioso Manco.

— Como você disse, meu amigo, é lenda! — Ricardo gritou desmentindo e, em seguida, colocou um copo inteiro de pinga para dentro.

Sua cara se contorcia, por causa da garganta que ardia a cada gole. Manco virava a garrafa e enchia seu copo novamente.

— É... deve ser... — admitiu Manco, e, logo depois, bebeu sua pinga e pôs o copo em cima da mesa com força.

— Meu pai tem os segredos dele, mas um caderno? Isso é um pouco demais para Sebastião de Sá — disse Ricardo, enquanto os negros começavam a introdução da próxima música.

Os dois não viram que estavam sendo ouvidos, pois, mesmo em meio à música alta dos negros e ao barulho dos mineiros animados, não perceberam que já falavam alto por estarem levemente bêbados.

Escondidos no canto da venda, atrás de uma das pilastras de madeira, que sustentava o segundo piso da venda, estavam João da Cruz, o Rato, e Maré Alta, que faziam parte do Bando dos Sete e escutavam a conversa.

— Esse caderno existe. E ele e o ouro serão meus — disse Rato.

Em seguida, Rato cuspiu no chão e, olhando para Maré Alta, fez sinal para saírem. Ele juntou suas luvas de couro, e eles foram embora.

Manco e Ricardo não viram o tempo passar, nem quantas garrafas de pinga foram capazes de tomar. A venda já estava esvaziando, e os empregados do Secos e Molhados viravam as cadeiras em cima das mesas.

— Vamos embora, antes que nos tranquem aqui — disse Manco, que estava ainda melhor que Ricardo.

Ricardo levantou cambaleando junto com Manco e, cantando, saíram pela madrugada em Vila Rica.

9. Aprendendo a ler, começando a amar

Logo de manhã, Chica foi acordar o senhorzinho para que pudesse tomar café com seu pai, antes de Sebastião sair para vistoriar todas as minas e as lavras de extração de ouro. Entrou pelo corredor que levava até os quartos do casarão. De testemunha, só a imagem de madeira de Nossa Senhora da Conceição no final do corredor, no meio de um lindo oratório também de madeira trabalhada, e pintura feita a ouro. Chica caminhou até a porta do quarto de Ricardo.

— Senhorzinho? — Chica chamou Ricardo e bateu na porta. — Tá acordado?

Nenhum barulho. Silêncio.

— Senhorzinho, Ricardo? Tá acordado? Tô entrando!

Chica entrou no quarto e viu que a cama nem estava desarrumada do dia anterior. Estranhou o fato de ele não ter dormido em casa. Voltou para o corredor e trancou a porta.

— A senhora é testemunha que vim acordar o senhorzinho! — disse Chica, falando com a imagem de Nossa Senhora.

Em seguida foi para a cozinha.

— O patrão vai reclamar de tomar café sozinho... ô se vai reclamar... — saiu Chica resmungando.

Longe dali, na beirada do riacho, em uma parte cheia de árvores, Ricardo estava sentado em um tronco que nascera deitado e que se abria em vários galhos grossos; estes cresciam para cima do leito do riacho, formando uma espécie de mirante sobre as águas, dobravam-se e subiam para o alto, em que estouravam em vários galhos mais finos, formando uma frondosa copa verde, cheia de vida. Ricardo lia *As Cartas Portuguesas*, um livro com cinco cartas curtas de amor.

De repente, Ricardo viu Iana vindo pela estrada. Sentiu que seu coração batia mais forte do que o normal. Continuou lendo para não demonstrar que estava interessado. Iana caminhava descalça pelo campo, com seus cabelos ao vento. Estava voltando para o casarão; trazia algumas ervas e outras folhagens que Chica havia pedido que ela buscasse.

Iana já estava passando por Ricardo, quando ele, ainda deitado e olhando para dentro do livro, chamou-a.

— A Chica anda fazendo você andar até o riacho pra pegar a mataria que ela precisa na cozinha? — disse Ricardo, brincando.

Iana parou e começou a procurar quem tinha falado com ela. Ricardo fechou o livro e começou a sair do meio da árvore.

— Ai senhorzinho, que susto! — disse Iana com a mão no coração.

— Não queria te assustar, me desculpa. — Ricardo falou se aproximando de Iana. — É Iana, não é?

— Sim.

— Ricardo, encantado!

Assentiu com a cabeça indicando que sabia o nome dele. Iana estava tímida. O coração tinha levemente acelerado.

— Esse aqui é meu lugar preferido nas terras do meu pai. Desde que vim a primeira vez para a colônia, quando ainda era um menino... Desbravando e brincando pela estrada encontrei essa árvore que cresceu para cima do riacho — contou Ricardo.

— O meu lugar especial fica bem longe daqui — disse Iana com tristeza no olhar.

Iana viu o livro na mão de Ricardo.

— Isso é um livro?

— Sim, é. *As Cartas Portuguesas* — disse mostrando e entregando o livro para Iana. — É um livro com textos escritos por uma jovem chamada Mariana, que está sofrendo de amor por estar longe de seu amado — explicou Ricardo.

Iana folheava o livro, enquanto Ricardo falava da história e olhava para a beleza que a escrava possuía.

— Eu queria saber ler — disse Iana, ainda folheando o livro de Ricardo.

— Pois deveria — disse Ricardo, entusiasmado.

— Eu via os homens do tumbeiro lendo, para passar o tempo no mar, e ficava curiosa em saber o que estavam lendo. Meus pais diziam que eram histórias de outras vidas — disse Iana.

— Ler é libertador, Iana. Você pode viver várias vidas numa só — completou Ricardo.

Iana olhou para Ricardo com ternura.

— Vou te ensinar a ler. Não, só a ler não, a escrever também.

— Vai mesmo?

— Sim. Eu vou.

Seus olhares cruzaram novamente.

O mundo parou.

O primeiro beijo.

10. Artes, ofícios e sangue

Eram muitos escravos trabalhando para encontrar ouro para Sebastião de Sá. E, a cada cinco metros de distância, um capataz tomava conta do que faziam e impediam que fugissem. Uns trabalhavam escavando o barranco na margem do rio, enquanto Malik e outros cativos tiravam o cascalho e a terra de dentro da água e jogavam em suas bateias. Tudo estava turvo por causa do remexer da argila e da areia do fundo do rio. O sol forte castigava. Encheu a bateia com terra encharcada e cheia de cascalho. Começou a batear dentro do rio. Em sua primeira peneirada não veio ouro. Nem uma pedra sequer do metal precioso.

O capataz, que estava perto, aproximou-se para verificar se na bateia não havia ouro. Confirmou que o escravo não tinha encontrado nenhuma pedrinha dourada que fosse. Malik voltou para o leito do rio e iniciou novamente a busca. Mergulhou a bateia novamente para encher de barro e começar a lavar o cascalho. Fazia movimentos circulares para conseguir tirar da bateia o cascalho mais grosso.

Depois passou a mão no meio da água barrenta, que estava na bateia, para retirar o barro e as impurezas. Fazia movimentos circulares para que todo o barro saísse e só ficasse o ouro.

De repente, ele fez um movimento mais forte e viu algo reluzir dentro da bateia. Encontrou ouro. Só podia ser uma pepita grande de ouro. Malik não acreditava em seus olhos. Achou que o sol estivesse fazendo-o ver coisas demais.

Continuou a mexer com a bateia e viu que seus olhos não o estavam enganando. Havia ouro em sua bateia.

— Ouro! — gritou.

O capataz veio e recolheu o ouro da bateia de Malik. E colocou junto às outras pedras de ouro que foram encontradas naquele dia.

Malik continuava olhando para o capataz.

— Tá esperando o que negro? Tá esperando seu patrão ou o Navalhada te castigarem? — berrou o capataz.

Não demorou muito, Malik voltou para o meio do rio e continuou seu trabalho. Quando o capataz se virou, viu que Sebastião de Sá descia a estrada de terra, que dava acesso ao leito do rio, em seu cavalo. Ao lado dele, vinha Navalhava também a cavalo. Mais que depressa foi dar atenção ao patrão. Malik ficou de longe observando enquanto enchia sua bateia novamente de cascalho e barro.

— Patrão, encontramos mais ouro agora. O negro ali é bom pra encontrar as pedras — disse apontando para Malik.

Sebastião de Sá e Navalhada olharam para Malik no meio do rio. Malik virou o olhar rapidamente para que não percebessem que estava olhando para eles.

— Quero o dobro de ouro. A coroa tá apertando o cerco e quer fazer valer mais impostos sobre o ouro que encontramos aqui nas Minas — disse Sebastião — Agora vá arrancar mais ouro desse chão.

O capataz voltou para a beirada do rio.

— Não é só a coroa que está atrás do seu ouro — alertou Navalhada.

— Do que está falando? — perguntou Sebastião.

Sebastião de Sá e Navalhada se aproximaram da margem do rio, com seus cavalos, e ficaram observando o trabalho dos escravos que continuavam a garimpar.

— Soube que o Bando dos Sete está nos arredores de Vila Rica.

— Quem te disse isso?

— Tenho meus informantes patrão. Eles me afirmaram que o Rato ta acampado nos matão pra cima do Pico do Itacolomi.

Malik, na beirada do rio, bateando bem abaixo de Sebastião de Sá e Navalhada, estava tentando ouvir o que os dois conversavam, sem deixar que notassem que estava prestando atenção.

— Se for preciso mate. Não tenha dó de quem ousar roubar o meu ouro — disse Sebastião, com raiva.

Navalhada percebeu que Malik aproximou-se mais do que deveria, mas fingiu não ter visto.

— Claro que sim. Usaria minha navalha no pescoço dos sete com o maior prazer — falou Navalhada com um leve sorriso no rosto.

— Só não complique as coisas para o nosso lado. Sem envolver Dragões Reais — alertou Sebastião.

Quando Malik olhou rapidamente, viu que Navalhada estava olhando para ele. Tinha pego Malik prestando atenção na conversa.

Navalhada desceu do cavalo em um pulo e no outro estava dentro da água ao lado do negro. Sebastião de Sá olhava tudo sem se mover. Navalhada deu uma bofetada que jogou Malik no meio do rio, esguichando água para todos os lados. Os outros negros pararam de repente para olhar o que estava acontecendo.

— Negro insolente, por que estava prestando atenção na conversa do patrão? — gritou Navalhada.

Malik ainda permanecia caído dentro do rio. A bofetada abriu um corte na fronte do escravo, e o sangue escorreu pela sua face.

— Malik não tava escutando nada. Malik tava procurando ouro — disse o escravo com raiva.

— Ainda é impetuoso! — gritou mais uma vez Navalhada.

Navalhava deu outra bofetada e começou a chutar Malik no rosto, no peito, na barriga. Só depois que o escravo parou de se mexer, Navalhada parou de chutar. Estava caído de costas na margem do rio. Navalhada parou de chutar, saiu de dentro do leito e montou novamente em seu cavalo. Ele e Sebastião saíram e continuaram a vistoriar o garimpo. Logo que sumiram de vista, os outros negros ajudaram Malik, agora com vários cortes e dor por todo o corpo, a se levantar. Ele não conseguia se mexer direito. Os escravos levaram Malik de volta para a senzala do casarão.

11 Escravas domésticas

As escravas já haviam limpado os quartos e o corredor do lado direito do casarão, quando chegaram ao cômodo da casa, onde Sebastião de Sá passava maior parte de seu tempo: o escritório. Ele praticamente morava nesse cômodo quando não estava em viagem ou vistoriando o garimpo e as minas.

A vassoura de palha corria solta pelo chão do escritório tirando a poeira que havia acumulado desde a última semana. O assoalho juntava sujeira demais entre as tábuas, e Iana tentava deixar tudo muito limpo. Limpava cada canto da sala, varria, enquanto Chica limpava os objetos da estante com uma pequena manta de algodão. Já estava velha o suficiente para ficar tempo demais curvada limpando com a vassoura. Chica viu que Iana se aproximava da mesa do patrão.

— Não, a mesa não — alertou.

Iana não entendeu.

— Pode deixar, limpo a mesa para a senhora — disse Iana.

— Não, não é a mesa. Queria dizer que não precisa passar a vassoura debaixo da mesa do patrão — disse Chica instruindo Iana sobre o que fazer quando limpasse o escritório.

— Mas vai ficar sujo!

— Não importa. Ele não gosta — explicou Chica. — Ele mesmo faz questão de limpar. Limpa embaixo da mesa, arruma a papelada e limpa o São Pedro. Tudo é ele quem faz — explicou Chica mostrando o santo a Iana.

Iana não entendeu muito as manias do patrão, mas acolheu as ordens de Chica. Ela era mais velha, e seus pais a tinham ensinado muito bem a respeitar os anciãos de sua tribo; não seria agora que Iana começaria a desrespeitar esse ensinamento. A escrava mais velha continuava limpando as prateleiras da estante, que ficavam atrás da mesa do patrão. Enquanto limpava, conversava com Iana.

— Minha filha, você é nova aqui nesta casa. Com o tempo, vai perceber que pra algumas coisas você precisará fazer vista grossa, claro, se não quiser ser castigada — aconselhou a escrava velha.

Iana parou de repente de varrer e deu atenção ao que Chica dizia. A velha parou de limpar a estante e se virou para olhar nos olhos de Iana.

— Essa casa possui alguns segredos, menina, e se eu digo que não é pra limpar, não é pra limpar. Entendeu? — advertiu Chica — Não espero ter que conversar novamente sobre isso com você.

— Mas Chica, não é nossa obrigação limpar?

— Não quero que seja castigada. O nosso senhor deixa o desorientado do Navalhada fazer o que quiser. Não queira cair nas mãos daquele homem — disse Chica, advertindo a outra.

Iana deixou de se apoiar no cabo da vassoura e acenou com a cabeça confirmando que tinha entendido; logo voltou a trabalhar.

De repente, Iana parou de varrer.

— É verdade o que os outros escravos dizem?

Chica virou-se novamente para o lado de Iana.

— Sobre o quê?

— Um caderno que diz onde tá os ouro do patrão.

Chica riu da inocência de Iana.

— Quem enfiou essas bobagens na sua cabeça?

— Não tem importância.

— Tem sim. Aposto que foi o Patrocínio, aquele velho negro desmiolado... Não dê ouvidos a ele — disse Chica, querendo tirar a importância da conversa. — Não seja tão curiosa. Não seja tão curiosa, menina!

Brasil, Colônia de Portugal 1717

No instante que Chica parou de falar, escutaram o patrão e Ricardo chegando.

— Pai, o senhor não pode deixar o Navalhada agir assim — falou Ricardo, bruscamente. — Não devia dar essa autoridade toda a ele.

As duas pararam o que estavam fazendo para escutar o que diziam. Pensaram que ficariam no grande salão de entrada, mas os dois entraram no corredor que levava ao escritório.

— Ricardo, ele só estava corrigindo o escravo. Se você não sabe, isso é uma coisa comum aqui na colônia. Ou queria que ele passasse a mão na cabeça do insolente? — perguntou de forma irônica — Tava fazendo o papel dele — concluiu Sebastião.

Os dois entraram no escritório, e as escravas voltaram rapidamente ao trabalho.

— Você tem que deixar de ser coração mole. Onde está a tenacidade que corre no sangue dos de Sá? — disse o pai com gana no olhar.

Sebastião tinha nos braços alguns rolos de papel. Eram documentos da Coroa Portuguesa autorizando a extração de ouro em outras áreas de terras da capitania. Parou de falar, de repente, quando viu as duas escravas. Deixou os rolos sobre sua mesa. Ricardo entrou em seguida e viu que Iana estava no escritório fazendo a limpeza. Acabou trocando olhares com ela, quando o pai ficou de costas para ele para pôr os rolos na estante, atrás da mesa.

— Mas pai, ele espancou o homem até desmaiar — disse Ricardo.

— Meu filho, eles são uns bichos insolentes que não respeitam as nossas ordens. Esse negro desde que veio pra cá só deu problema. Veio junto com essa aí — falou apontando para Iana. — Mereceu o castigo que recebeu do Navalhada.

Iana logo entendeu que estavam falando de Malik e se desesperou. Largou a vassoura no chão e, logo, saiu do escritório. Sebastião de Sá, que estava colocando os rolos organizadamente na estante, em uma área reservada para documentos, virou-se e olhou para os outros sem entender nada.

— O que deu nessa escrava?

— Não sei, meu senhor, mas cuidarei dela — disse Chica, já saindo do escritório e indo atrás de Iana.

Sebastião continuou a colocar os rolos na estante. Ricardo ficou inquieto e sem saber por que Iana tinha saído correndo daquele jeito.

— Bem, vou terminar de visitar as minas. Volto para o almoço. O senhor me espera? — disse já saindo do escritório.

— Está bem, meu filho.

Quando se virou, Ricardo já havia saído, e ele nem tinha visto.

— Espero — disse ele para o escritório vazio.

12 Da mesma tribo

Iana chegou correndo na senzala do casarão e encontrou Malik sentado, perto de uma das colunas que sustentava o assoalho acima de suas cabeças. Ele estava todo machucado, tinha um corte na testa e hematomas por todo o corpo. Ele sorriu quando ela apareceu, mas sentiu dor até para sorrir.

— O que você fez? — perguntou Iana preocupada.

— Enfrentei! — disse Malik com raiva em todos os seus músculos.

— Malik, você não pode fazer isso — disse Iana. — Espere, vou pegar banha pra passar nos machucados.

Iana levantou, foi até onde se guardava banha, pegou um pouco e pôs em uma cuia de coité. Depois pegou um pedaço de pano e o molhou, para que pudesse limpar os ferimentos. Malik estava imóvel quando Iana voltou. Trazia a cuia com banha em uma das mãos e o pano molhado na outra. Abaixou-se perto de Malik e começou a limpar seus machucados.

— Sempre bancando o valentão — constatou ela.

Malik sentiu dor e se contorceu quando Iana tentou limpar sua testa. Ela continuou mesmo assim. Precisava limpar senão poderia dar pus e febre.

— Fiquei escutando o que eles conversavam — disse Malik com vergonha. — Que ódio, que estou Iana. Se eu pudesse, matava Navalhada.

— Mas você não pode.

— Você já se rendeu ao jeito dos brancos — disse tirando o pano molhado e a mão de Iana de cima de seu rosto.

Iana voltou a limpar e, quando ele tentou tirar novamente, ela segurou com força o braço dele.

— Escuta, Malik, se a gente quiser sobreviver, vai ter que sair aceitando tudo o que os brancos querem de nós.

— Mas não vou aceitar que me batam.

— Então faça por onde; não provoque a ira do patrão, muito mais a do Navalhada.

— Fomos trazidos contra a nossa própria vontade, agora somos tratados com violência e crueldade. Quero pagar na mesma moeda — falou o escravo com alguma dificuldade.

— O ódio cega, Malik. O ódio cega... — disse ela enquanto cuidava dos ferimentos.

— O ódio me consome todos os dias, Iana. Desde que os brancos invadiram nossa tribo naquela noite, não consigo mais pregar os olhos — disse Malik —; todos corriam desesperadamente, o pai tentando proteger a mãe. Eu corria tentando te achar no meio da confusão; era meu dever te proteger, mas eu falhei.

—Não foi culpa sua.

Iana continuava cuidando dos ferimentos.

Brasil, Colônia de Portugal 1717

— Foi sim. Eu deixei que fôssemos capturados. Eles conseguiram pegar toda a nossa tribo. Eu me desesperei quando não consegui te encontrar.

— Eu me escondi por dias em uma árvore. Mas, dias depois, eles me acharam — contou Iana.

— Lembro que, quando você chegou, o pai e a mãe ficaram felizes em te ver; mesmo naquela desgraça, estávamos unidos novamente — admitiu Malik com tristeza. — Eu não conseguia fechar os olhos naquele navio. Vi todo dia um morrer. A morte nos cercava, Iana. Até que ela encontrou nossos pais.

Uma lágrima rolou pelo rosto de Iana. Mesmo com a dor que Malik sentia, seus músculos conseguiam retesar todo o ódio que sentia naquele momento.

— Eu preciso dar um jeito nisso, Iana. Éramos reis. Éramos livres, estava prometido à mulher mais linda da nossa tribo — disse Malik com os olhos brilhando, tentando segurar o choro. — Agora, o que temos? Aqui somos tratados por esses brancos como mercadorias, como animais... — O ódio estava em seu olhar, e uma lágrima escorregou de seu olho.

— Nós vamos dar um jeito nisso, meu irmão — disse após dar um beijo em sua testa.

Malik se aninhou no colo da irmã e começou a chorar.

— Eles não podem saber que somos irmãos. Essa é a nossa força — disse entre o soluçar do choro, que há muito ele continha.

Iana segurou o irmão em seus braços. Cuidou dele enquanto a senzala estava vazia. Também não queria que descobrissem que entre eles existia algum laço fraterno. Poderiam usar isso contra eles, e, dessa forma, não conseguiriam juntos se libertarem. Malik buscava se mostrar forte para que a irmã nunca sentisse medo. Seu pai o tinha ensinado, como filho mais velho, a ser um guerreiro de sua tribo. Entretanto Malik sofria por ter falhado na tentativa de proteger sua família. Sabia que, agora na ausência de seus pais, era seu dever cuidar da irmã, porém foi imprudente ao escutar a conversa do patrão com o feitor. Estava destruído fisicamente, e, por dentro, sua alma estava dilacerada. O ódio pelos brancos só aumentava; queria se ver livre.

Pela dor e pelo cansaço, Malik adormeceu nos braços de Iana. Ela deu um jeito de sair e deixá-lo o mais confortável possível na senzala, o que era quase impossível.

Iana era esperta e sabia que não poderia ficar mais muito tempo cuidando do irmão. Logo teve de voltar para os trabalhos na cozinha do casarão, pois Chica poderia procurar por ela, encontrar os dois na senzala e fazer muitas perguntas. Já imaginava que sua companheira de trabalho faria muitas perguntas por causa dela ter saído correndo do escritório, e o que ninguém viu poderia ser contado de outra forma.

Brasil, Colônia de Portugal 1717

13
O caderno do ouro

A porta do escritório estava fechada. Tinha acabado de ser trancada por Sebastião. Ele se dirigiu para o São Pedro de madeira, todo trabalhado em estilo barroco; na mão direita as escrituras e na esquerda a chavinha do céu, feita de ouro. Sebastião virou a imagem e logo abriu uma tampinha retangular nas costas do santo. De dentro, tirou uma chave de ferro, com o cabo trabalhado em muitos detalhes e, no centro, um S duplo. De repente, abaixou no chão perto de sua mesa e começou a tirar duas tábuas que estavam soltas no assoalho. Quando retirou a segunda, viu a pequena arca abaixo do chão de madeira. Ele então pegou a chave de ferro com cabo em S duplo e abriu a pequena caixa de madeira escura. Dentro, um caderno de capa de couro. Na capa, o mesmo S duplo estava desenhado. Ele se levantou e sentou na cadeira. Pôs o caderno sobre a mesa, desamarrou o cadarço de couro, que ajudava a fechar e a manter presos os papéis soltos. Abriu, olhou as anotações nas primeiras folhas amareladas.

Sebastião pegou a pena no tinteiro e anotou a quantidade de ouro que tinha conseguido extrair no final daquele mês. A lista era imensa, e, acima, havia números da quantidade de ouro das semanas anteriores.

Encontrou um mapa velho, amarelado, desgastado, todo redobrado para caber dentro da capa de couro do caderno. Era o primeiro mapa que recebeu da Coroa Portuguesa, mostrando a localização das terras, por onde começaria a garimpar o ouro. E junto um mapa mais novo, mostrando o quanto de novas datas, terras, para explorar o ouro, a Coroa concedeu a Sebastião de Sá. No meio deles um documento: Dom João V autorizando Sebastião de Sá a extrair ouro na colônia para o Reino de Portugal.

O rei do ouro era muito organizado com seus negócios; tinha tudo muito detalhado: mapas, coordenadas das minas, onde encontraram mais sinais de ouro, em terras que a Coroa Portuguesa nem imaginava ter.

Folheando o caderno, passou por duas páginas: as do centro da costura do caderno não tinham nenhuma anotação. Parou por um momento nelas, mas depois seguiu folheando. As anotações em tinta preta começaram novamente. E, nessa lista, estava a quantidade de ouro que conseguiu esconder em santos do pau oco para mandar, depois, para a esposa em Portugal. Virou a última página e encontrou as cartas de sua amada Ana de Sousa.

Abriu uma datada de setembro de 1707. "Meu amado, Sebastião, já estamos novamente em Portugal. Ricardo sente muito a sua falta, sentimos saudades, mas sabemos da importância de seu trabalho na colônia..." Sebastião deixou a carta e pegou outra. Abriu e, mais ou menos no meio da folha, leu: "Ricardo ingressou na Escola de Sagres e está um rapagão. Precisa ver a felicidade dele em saber que poderá te ajudar em breve com os mapas das minas...". Um pouco mais abaixo na carta, Ana de Sousa escreveu: "o primeiro carregamento chegou. Deu tudo certo. Os santos já estão em segurança".

Sebastião estava distraído com as cartas quando foi interrompido por algumas batidas na porta.

— Quem é? — perguntou Sebastião.

— Iana, meu senhor. O jantar está servido — falou Iana um pouco mais alto.

— Já vou.

Ele escutou os passos da escrava se distanciando. Rapidamente fechou o caderno e o amarrou. Abaixou e o colocou de volta na arca. Trancou e guardou a chave no santo de madeira, depois virou São Pedro para frente, e ele ficou lá, olhando para a mesa de trabalho de Sebastião de Sá, incólume.

Sebastião abriu a porta e deparou-se com Ricardo.

— O senhor estava a minha procura? — perguntou o filho.

— Estava. O jantar está sendo servido, mas queria pedir uma coisa antes — falou Sebastião entrando novamente no escritório. — Gostaria que estudasse a velha rota do ouro e encontrasse um caminho mais fácil. Quero sugerir para a Coroa um novo caminho para o escoamento do ouro.

Sebastião de Sá tinha outra intenção com essa nova rota. Não ia contar nada à Coroa Portuguesa, estava na verdade querendo fugir dos postos ficais, cheios de Dragões Reais, que a estrada velha possuía. Sebastião pegou os mapas antigos, guardados no escaninho da estante, e entregou para o filho.

— Trace uma rota nova — ordenou o pai. — Espero que não tenha sido em vão os anos passados na Escola de Sagres. Agora vamos, senão a comida esfria.

14 O amor impossível

— Que palavra é essa?
— Amor.
— O que ela quer dizer?
— É um sentimento. Aquilo que alguém sente por outra. É o que eu sinto por você, Iana.
— A-MOR.
— Isso! Amor. O que nós sentimos um pelo outro.
— Agora poderei escrever juras de amor.

Iana sorriu e, em seguida, roubou um beijo de Ricardo. Seus lábios se tocaram, e o mundo parou para os apaixonados. Ricardo colocou sua mão no pescoço de Iana. Seus dedos sentiam os cabelos dela. Ela não queria estar em outro lugar. Ricardo a fazia esquecer todos os seus pesadelos, fazia se sentir amada e querida em uma terra, onde era tratada como uma mercadoria. Com Ricardo, ela se sentia especial.

De repente, Iana se levantou e começou a correr. Ricardo ficou sentado, perto de onde deixaram seus livros e a cesta com ervas para a cozinha, que Chica pediu para a jovem escrava colher no campo. Iana parou e olhou para Ricardo, esperando-o correr atrás dela. Ele se levantou e correu. Iana voltou a correr pelo campo. Passaram pelas árvores. Brincaram. Iana sorria toda vez que parava e via que Ricardo continuava correndo atrás dela. Tanto ela quanto Ricardo corriam rapidamente, mas Ricardo foi mais rápido e alcançou Iana. Envolveu-a em seus braços. Olharam-se. Por um instante, Ricardo fitou no fundo dos olhos de sua amada.

— Eu não ligo para o que as pessoas vão dizer. Aqui, neste lugar, neste momento, queria dizer o quanto eu gosto de você.

Ainda tímida, Iana, olhando para Ricardo envergonhada, perguntou:

— Você gosta?

— Como não me sentir assim? — perguntou Ricardo — Eu te amo.

Iana não tinha aprendido todos os significados das palavras, mas sabia a importância que tinha um "eu te amo". Beijaram-se; dessa vez, quem roubou o beijo foi ele. Em um átimo de segundo, viu-se nas nuvens com seu amado. O beijo, que Ricardo deu, fez Iana sentir o quanto ele a amava; foi demorado, como aqueles beijos que nos tiram o fôlego.

— Me sinto segura nos seus braços — confessou Iana a seu amado.

— Você não precisa mais ter medo. Vou te proteger sempre — disse ele em um sussurro.

Os dois se abraçaram e mais uma vez se beijaram, selando o amor que sentiam um pelo outro. Mas sem que fosse notado, olhos ávidos observavam os dois atrás de uma árvore. O observador apoiou as mãos com as luvas de couro no tronco da árvore, para que pudesse acompanhar o casal, que agora corria para a margem do riacho.

15 Noite traiçoeira

Chica cozinhava muito bem e, com a chegada de Iana, podia dedicar um pouco mais de tempo à culinária e às regalias dos patrões. Sabia que Sebastião gostava do frango com quiabo que fazia, que, por sinal, sabia fazer muito bem, era sua especialidade. Também se lembrava de que, quando Ricardo esteve no casarão, ainda menino, gostou tanto de seu prato que lambeu até os dedos.

Antes, naquele dia, ela e Iana foram para o terreiro, atrás do casarão, pegar o frango e prepará-lo para o jantar. Iana era rápida, e o frango que escolheram quase não teve chance com a espertesa e rapidez da jovem escrava. Agora Chica trazia até a mesa da sala de jantar do grande casarão a tigela de porcelana com um delicioso e suculento frango com quiabo.

A mesa estava posta, pratos e talheres de estanho. Os detalhes nas beiradas dos pratos e nos cabos dos talheres deixavam a mesa ainda mais bela. As tigelas de porcelana e estanho davam um toque especial e requintado, que só se encontrava nas casas dos mais ricos e na corte portuguesa, onde Ricardo havia crescido. Os dois esperavam ansiosos pela especialidade de Chica.

— Que cheiro delicioso — falou Sebastião.

Chica surgiu na sala de jantar com a tigela de porcelana e pôs a comida em cima da mesa. Em seguida, foi retirando as tampas das tigelas para que os patrões pudessem jantar. Diferentes tipos de linguiça, torresmo, arroz, angu e couve e, por fim, o frango com quiabo. Chica havia feito tudo com muita fartura.

— Já sei que vou me lambuzar — disse o jovem patrão, ao ver Chica revelando as comidas uma a uma. — Deve estar uma delícia — completou Ricardo.

— Espero que gostem. Bom jantar, meus senhores — disse Chica, que, logo depois, retirou-se.

Ainda saía fumaça das comidas. Sebastião de Sá se serviu de arroz e de frango. Ricardo preferiu ficar só com o frango.

Ele comeu o primeiro pedaço do frango com quiabo, que derreteu em sua boca.

— Meu Deus, como isso é bom — disse Ricardo.

Comiam com gosto. Só se ouvia o barulho dos talheres batendo nos pratos.

Sebastião quebrou o silêncio.

— Acho que, desde que chegou, não tivemos a oportunidade de ter uma conversa sobre sua vinda — disse ele.

Ricardo parou de comer e deu atenção ao pai.

— Sua mãe não sabe que você está aqui, não é? — perguntou Sebastião.

— Sabe. Mas não sabe quando embarquei para o Brasil. Recebeu uma carta dias depois — contou Ricardo.

— Espero que essa sua vinda repentina não tenha nada a ver com seu casamento com a Condessa de Graham. Ou tem? — indagou Sebastião, colocando Ricardo contra a parede.

Sebastião colocou mais um pedaço de frango na boca e mastigou, olhando para Ricardo, esperando por uma resposta.

— Tem e não tem. Precisava de um tempo pra mim — disse ele.

— Tempo? Você está prometido a uma condessa — disse bruscamente. — Sabe o quanto uma imprudência dessas pode prejudicar os meus negócios?

— E a minha felicidade?

— E não pode ser feliz com a Vitória?

— Eu nem conheço ela direito.

— Mas eu também não conhecia sua mãe. E nos apaixonamos no primeiro momento em que nos vimos.

— Mas eu não sou apaixonado pela Vitória, pai. Entenda isso!

— Mas está em jogo o seu futuro, meu filho. Sua herança.

— Pai, o que me move não é o dinheiro, e, sim, o amor. E eu não amo a Vitória — confessou Ricardo.

— Tem horas que teu lado sonhador te estraga, Ricardo.

— Essa conversa indigesta vai acabar estragando o jantar.

Ricardo voltou a comer seu frango com quiabo.

— É, não temos mais o que conversar sobre esse assunto. Já está decidido.

Ricardo parou de comer e olhou firme para o pai.

— A sua mãe está cuidando de tudo e tentando amenizar os ânimos dos Graham — disse Sebastião. — Você sabe como os ingleses são. Gostam de tudo muito claro, tudo muito certo. Queriam até mandar alguém pra te buscar aqui na colônia e te levar à força para se casar. Tive que inventar uma história para que você não pusesse tudo a perder — disse entre uma garfada e outra.

— Mas pai.

— Estamos conversados, Ricardo. Você volta em outubro para Portugal. Ganha o seu tempo, e eu ganho o casamento que manterá o bom relacionamento dos negócios entre os de Sá e os Graham — disse Sebastião, decidido.

Ricardo sabia que não poderia argumentar com o pai. Tinha consciência de que seu casamento arranjado com a Condessa Vitória da Casa dos Graham era pura e simplesmente para manter os negócios de seu pai e dos ingleses. Ele não sabia ao certo que negócios eram esses, mas sabia que tinha sido moeda de troca na hora da negociação. E, embora soubesse que seu coração pertencia à outra mulher, teria de dá-lo a uma jovem condessa inglesa, se não conseguisse convencer seu pai ou se algo extraordinário não acontecesse.

As tochas iluminavam o lado de fora do casarão. As chamas amareladas reboavam aclarando as paredes da casa, ora em tons mais claros de laranja e ora tons mais escuros. Os escravos já tinham se recolhido para a senzala. Só se ouvia o barulho dos grilos. Malik era o único que ainda estava fora da senzala. Seu machucado na testa estava quase curado. Rondava o casarão. Tentava imaginar como poderia se libertar de toda aquela desgraça em que se encontrava.

Desejava se vingar dos homens que tornaram sua vida um inferno sobre a terra e se ver livre novamente; poder correr pelos campos, caçar e ver sua prometida novamente. Mas isso não sabia se seria possível, não soube mais nada sobre ela. E se tivesse sido capturada também? E se tivesse morrido?

Todas essas perguntas martelavam sua cabeça, faziam seu ódio crescer a cada dia. Lá dentro jantavam no silêncio Ricardo e Sebastião. Malik olhou a fazenda por um bom tempo. Ficou ali parado pensando e deixando que seu ódio o consumisse.

Em seu íntimo, pediu que seu desejo de vingança virasse uma realidade.

Quando virou, deparou-se com um homem, com o rosto parecido com o de um rato, e com mais outros seis homens. Malik não sabia, mas estava diante de João da Cruz, líder do Bando dos Sete.

16 A Vila de Santo Antônio

A vila de Santo Antônio de Guaratinguetá aos domingos era movimentada, principalmente após a missa da manhã. Primeiro todos se reuniam para a missa e depois se encontravam no adro, em frente à igreja dedicada a Santo Antônio. Naquele domingo de abril, não foi diferente, as pessoas saíram da missa e se aglomeraram para conversarem, e os homens de negócios para trocarem informações. Capitão Antunes Fialho, Capitão-Mor da vila, conversava com os vereadores e o juiz da câmara.

Os meninos brincavam correndo de um lado para o outro. Por vezes corriam até o meio do adro, onde estava um monumento de pedra sabão com os bustos de Domingos Luís Leme, João do Padro Martins e Antônio Bicudo, os fundadores da vila. Era uma homenagem que o Capitão-Mor, antecessor do Capitão Fialho, havia mandado fazer.

As crianças correram até a porta da igreja e cruzaram com Silvana da Rocha, quase a fazendo cair.

— Essas crianças não têm modos? Na casa de Deus não é lugar de ficar correndo — reclamou Silvana para os que estavam com ela.

— Mãe, são crianças! — disse João.

— Filho, aqui é a casa de Deus.

— Mas não foi o próprio Cristo que disse nas escrituras "deixai vir a mim as criancinhas, porque delas é o Reino dos Céus..."? Não foi, mulher? — disse Domingos Garcia, esposo de Silvana.

Não tardou muito, Filipe Pedroso e Atanásio se aproximaram para ouvir a discussão. Filipe era irmão de Silvana e sempre estava junto com ela, desde que sua esposa faleceu.

— Vocês me convenceram. Deixai as crianças brincando dentro da igreja, mas só não me derrubem.

Todos riram e caminharam para o centro do adro, perto do monumento dos fundadores da vila.

Filipe percebeu que a vila não estava tão cheia quanto nos meses anteriores, após a missa.

— A febre do ouro está levando os homens a partirem dessas terras — disse Filipe.

— Mas o senhor não acha que a oportunidade de mudar de vida está nas minas de ouro? — perguntou Atanásio.

Domingos, que era tio de Atanásio, aproximou-se do sobrinho e colocou a mão sobre ombro direito do jovem.

— Meu sobrinho, lá é um sonho dourado que não tem futuro.

Brasil, Colônia de Portugal 1717

— Ah, meu tio, pode até ser, mas, quando tiver com idade, vou atrás dos meus sonhos nas minas de ouro — falou Atanásio, entusiasmado com a ideia.

— Você devia pôr juízo nessa cabeça desmiolada. Acho que teu pai não tá te educando direito! — disse Silvana, chamando a atenção do sobrinho.

— Eu já falei com ele, minha irmã. Estou até ensinando ele a pescar, mas botou essa ideia na cabeça desde que os amigos dele partiram para Vila Rica — explicou Filipe para Silvana.

— E você vai deixar? — perguntou Silvana, quase que indignada.

— Deixar ele não vai, né mãe, mas o Atanásio, quando tiver idade, poderá fazer o que quiser — falou João, tentando encerrar o assunto.

— Ou esse menino cria juízo, ou eu o acorrento no pé da mesa.

O capitão Antunes terminou a conversa com os vereadores e seguiu de grupo em grupo cumprimentando os moradores da vila. Gostava de fazer isso todos os domingos, queria saber como estava a vida na vila e se precisavam de alguma coisa. Na verdade, estava querendo manter sua popularidade junto aos moradores.

A discussão sobre o futuro de Atanásio ainda continuava quando o Capitão-Mor apareceu perto deles.

— Mas tia, lá a gente não vai passar fome... — disse Atanásio.

— Bom dia, meus nobres amigos — disse o Capitão Antunes.

Todos o saudaram com um bom dia.

— Como que anda a vida lá no povoado dos pescadores? — perguntou o capitão, querendo saber das novidades.

— Capitão, nós não vamos mentir pro senhor não. A vida anda difícil. Mal estamos conseguindo peixe pra alimentar nossa família — disse Domingos, o mais velho deles.

— O rio parece morto — disse Filipe.

— É... estamos enfrentando um problema muito sério. Desde que começou esse movimento dos homens irem tentar a vida nas minas, estamos ficando sem alimento, e, pra ajudar, agora os peixes estão faltando — disse o Capitão.

Na frente da igreja, estavam montando um tablado de madeira, ainda não estava totalmente pronto. Silvana estava observando a montagem enquanto os homens conversavam.

— Capitão, desculpe me intrometer na conversa, mas teremos alguma comemoração aqui na praça hoje? — perguntou Silvana.

— Comemoração não, dona Silvana. Teremos um enforcamento. Não vão ficar? Será ao meio dia — disse o Capitão-Mor.

Na mesma hora, Silvana perdeu o semblante alegre que estava, e, no lugar, uma feição triste e séria tomou conta de seu rosto. Ela não concordava com essas formas de punição. Muitas vezes era um julgamento injusto que levava à morte.

— E foi condenado a morte por qual motivo? — perguntou João.

— Roubo de pães para dar aos filhos que estavam passando fome — respondeu o capitão.

— Mas isso é um absurdo. Aqui se mata por pouca coisa. — disse Silvana, indignada com a sentença para um homem que queria só matar a fome dos filhos.

— Dona Silvana, ele cometeu um crime. São ordens da Coroa. Descumpriu a lei, o destino é a forca — alertou Capitão Fialho. — E isso serve para todos.

Capitão Fialho não havia falado diretamente com Silvana da Rocha, quando ela o desrespeitou, mas deixou seu recado para todos. Apesar de não demonstrar publicamente, o Capitão Antunes Fialho era um homem que compartilhava dos pensamentos do século XVIII acerca das mulheres. Achava que elas deveriam viver trancadas em casa e que só deveriam sair para ir à igreja. Lugar de mulher é em casa cuidando dos afazeres domésticos.

— Bem, já é tarde e precisarei proferir a sentença. Se me dão licença — disse o Capitão-Mor, despedindo-se dos pescadores.

— Toda — disse Domingos.

Silvana viu o Capitão seguir para o lado do patíbulo, onde, mais tarde, o homem condenado à morte seria enforcado.

— Vamos, não quero ser plateia para esse circo dos horrores do Capitão Fialho — disse Silvana.

As crianças continuavam brincando agora perto do lugar onde o homem seria enforcado; imitavam o enforcado e o carrasco que puxaria a alavanca do mecanismo, que faria com que se abrisse um alçapão no chão; o homem se debateria pendurado na corda até que Deus o levasse deste mundo.

17 Os sete homens

O Bando dos Sete era formado por homens descartados pela Coroa Portuguesa na colônia. Vivia de pequenos furtos de diligências e de carregamentos de ouro, que seguiam rumo ao litoral da colônia pela Estrada Real. Ficava pulando de vila em vila fugindo dos Dragões Reais. O bando começou com o Rato e depois os outros foram chegando. Ganhou fama quando os sete conseguiram assaltar um grande carregamento de ouro que seguia para o porto de Paraty. Foi assim que conseguiram chamar a atenção da Coroa Portuguesa e terem suas cabeças postas a prêmio. O bando era formado, em sua maioria, por degredados, homens condenados por pequenos crimes, e por dois criminosos fugitivos: João da Cruz, o Rato, e Bento da Prata, o Maré Alta.

    João da Cruz era um português condenado por furtos de carregamentos da coroa no porto do lado direito do Rio Tejo. Para evitar sua morte, fugiu para a colônia no porão de um tumbeiro. Suas artimanhas não tinham limites, tanto que, para conseguir embarcar, sujou o corpo todo de carvão e se passou por um dos negros capturados. Dentro do navio, como um rato, escondeu-se e conseguiu chegar à colônia portuguesa além-mar. Nos últimos dias de viagem, conseguiu se passar por um tripulante, que matou, e assumiu o lugar dele. Ninguém percebeu devido à quantidade de pessoas, em condições desumanas, que colocavam em um navio negreiro.

    Já Bento da Prata, mais conhecido como Maré Alta, era um criminoso português que derretia e contrabandeava prata. Quando foi preso, os soldados da Coroa o colocaram acorrentado a um paredão de pedras junto ao mar. A maré alta veio e, mesmo assim, ele conseguiu sobreviver.

    Cada um deles possuía um codinome. Ferreira do Nascimento, mais conhecido como o Águia, era um degredado, deixado para morrer nas praias da capitania da Bahia de Todos os Santos. Porém conseguiu sair de lá e, um ano mais tarde, se juntou ao bando. Ainda havia o Agostinho e o Diogo Ramalho, respectivamente o Raposa e o Cobra, irmãos gêmeos idênticos e degredados, decepção dupla em uma mesma família; André Vicente, o Grilo, magro o suficiente para passar por uma grade de prisão, e o Carlos Diaz, mais conhecido como Espanhol, condenado por roubar galinhas para alimentar seus filhos, que passavam fome. Desde que conseguiu fugir das garras dos Dragões Reais, juntou-se ao grupo, mas não se sentia parte. Estava junto com eles devido às circunstâncias, mas sabia que, na primeira oportunidade, seguiria adiante em busca de sua família.

Navalhada e Sebastião de Sá estavam no jardim em frente ao casarão. Olhavam para o chão. Navalhada tinha encontrado várias pegadas. Sete diferentes para as marcas de botas no chão e uma pegada de pés grandes, provavelmente de um escravo.

— Você acha que são eles? — perguntou Sebastião, apreensivo.

Navalhada agachou e analisou as pegadas mais uma vez. Quando voltou a levantar, tinha quase certeza de que o Bando dos Sete havia estado na propriedade de seu patrão na noite anterior.

— Tinha escutado que eles estavam perto, mas não pensei que fossem tão ousados em aparecer aqui — disse Navalhada.

— Se for preciso, coloque mais homens vigiando noite e dia as minas e o casarão — sugeriu Sebastião. —

Não quero mais surpresas como essa. Já intensificou a segurança das minhas minas?

— Sim senhor, meu patrão — disse Navalhada.

Sebastião caminhou para a escadaria que dava acesso à entrada principal do casarão. Navalhada o seguiu até perto da escada.

— Você viu o Ricardo, hoje?

— Não senhor — disse o feitor.

— Se o encontrar, diga que preciso falar com ele.

Enquanto Sebastião subia a escadaria, viu Iana passar sorridente segurando uma cesta para os fundos da casa.

— Não sei de onde vem tanta alegria... — resmungou Sebastião.

Ricardo surgiu de cavalo no meio da estrada que levava ao casarão. Navalhada o viu aparecer e virou para avisar Sebastião.

— Patrão! — gritou Navalhada.

Sebastião de Sá se virou e olhou para Navalhada.

— O senhorzinho Ricardo — gritou apontando.

Ricardo subia a colina em um galope só. Logo chegaria ao casarão. Passou por Navalhada, que descia a colina.

— O pai do senhorzinho tá querendo um dedo de prosa — avisou Navalhada.

Ricardo assentiu com a cabeça e continuou seu galope até o casarão. Sebastião ficou esperando o filho. Ricardo chegou perto da escada e parou, olhando para o pai que o esperava.

— O senhor queria falar comigo? — perguntou o filho.

— Onde é que você se meteu?

—Estava andando pela propriedade — respondeu Ricardo, sem dar muitos detalhes.

— Não é tempo de ficar andando por aí sozinho. Preciso de você o mais próximo possível e, sempre que sair, saia com o Navalhada ou com mais alguém. Essas terras estão cada vez mais perigosas — alertou Sebastião.

— Está bem — disse muito a contragosto.

— Agora vê se guarda esse cavalo e vem almoçar.

Ricardo saiu com o cavalo em direção ao curral. Sebastião ainda ficou na escada olhando para sua propriedade. Sabia que as coisas estavam começando a sair do controle.

18 Ervas do campo

As panelas, em cima do fogão a lenha, borbulhavam e soltavam fumaça. E ainda espalhavam um aroma gostoso pelo ar. Chica preparava o almoço quando Iana entrou na cozinha. A jovem escrava exalava felicidade pelos poros. O sorriso de orelha a orelha denunciava a alegria que Iana sentia naquele momento.

— Viu passarinho verde, foi? — perguntou Chica.

— Quem sabe? — respondeu Iana

As duas riram. Chica sabia que algo de bom tinha acontecido com Iana, mas não quis perguntar mais. Pelo pouco que conhecia a jovem, sabia que ela comentaria com ela sobre o que estaria acontecendo.

— Conseguiu as ervas? — perguntou Chica.

— Consegui sim. Estão na cesta — respondeu Iana.

— Mas você demorou muito. Antes de você chegar, antes do senhorzinho Ricardo chegar, eu costumava coletar passiflora e bela-rosa antes mesmo do desjejum — disse Chica para Iana, querendo entender o motivo do atraso — Agora você leva quase um dia inteiro para conseguir as mesmas ervas que te peço.

Iana sabia que o tempo antes do desjejum era necessário para conseguir tudo o que Chica pedia. Mas e os momentos ao lado de seu amado? E as aulas? Demorar a pegar as ervas ou qualquer outra coisa, que Chica pedisse, era motivo para poder se encontrar com seu amado. Nem que fosse para um beijo e sentir nos lábios dele o doce mel do amor.

— Entendo que essas ervas estão ficando cada vez mais difíceis de encontrar. Mas elas são boas para os machucados do patrão — explicou Chica. — Uso para os emplastos que faço para ele quando volta de suas viagens ao porto de Paraty.

— Então você as usa como remédio? — perguntou Iana, interessada em saber sobre as ervas.

— Sim, minha filha. Usando da maneira correta, na quantidade certa, podemos usar qualquer erva para curar algo.

Iana e Chica conversaram por mais um bom tempo sobre o poder das ervas. Chica explicou, com calma, sobre todas as folhas, que havia pedido para a jovem buscar. Explicou também que, se ela comesse agrião, ajudaria a curar inflamações e que poderia fazer um macerado com as folhas, colocando-o como um emplasto no machucado, se tivesse com pus. Ensinou que o alcaçuz era uma planta ótima para a garganta, quando estivesse arranhando. Disse que arnica, um pouco rara de encontrar, poderia ser usada em machucados e ajudaria a tirar roxos da pele se fizesse uma pomadinha com banha e arnica. Contou que o patrão adorava ter boldo-do-chile no quintal para suas crises de fígado. Era bom para tratar suas crises depois de encher a cara de vinho. E, por fim, ensinou sobre o coentro, que era bom tanto para a culinária quanto para facilitar a digestão e o alívio das cólicas. Quando viu, o sol já estava quase a pino.

— Olhe só! Esqueci da vida falando das ervas. Tenho que juntar as roupas que estão quarando lá fora — disse Chica com pressa na voz. — Cuida das panelas pra mim. Já volto.

Chica saiu apressada.

— Mexe o feijão — gritou Chica, já descendo as escadas da porta atrás da cozinha.

Iana olhou cada uma delas, e, a cada tampa de barro levantada, um novo aroma surgia. Mexeu o feijão, que já borbulhava. Ela sentiu o gosto de feijão. Pensou em como seria sua vida quando estivesse livre, vivendo com Ricardo, sem que fosse uma escrava. Pensou até nos filhos correndo pela casa enquanto ela cozinhava a comida mais gostosa que ela pudesse fazer. Sonhava com o futuro que poderia ter ao lado de seu amado.

— Se continuar sonhando assim, vai deixar as outras panelas queimando! — exclamou Malik.

Sua irmã deu um pulo. Assustou-se com a chegada repentina dele, em um lugar que eles não poderiam ser vistos juntos. Ele havia se escondido atrás de uma das colunas de madeira; esperou pelo momento certo, quando não havia ninguém próximo para falar com sua irmã, sem serem vistos juntos.

— O que você está fazendo aqui? — perguntou, chamando a atenção dele.

— Precisava falar com você — disse o escravo.

— Vai embora, Malik. Se te descobrem aqui, não sei o que podem fazer.

— Pior será se descobrirem o senhorzinho sendo seduzido pela escrava.

— Como assim?

— Minha irmã, eu te conheço e sei quando está tentando mentir pra mim. Eu sei o que se passa entre você e o patrãozinho — disse Malik com desdém —; você devia se envergonhar de estar nos braços de um branco. Não sei se já se esqueceu, mas foram homens como ele que nos capturaram e nos trouxeram da África como animais amontoados em navios.

— Não esqueci não, mas Ricardo é diferente — disse Iana.

— São todos iguais, mas não estou aqui para essa conversa — disse Malik mudando de assunto. — Preciso de um favor seu.

— Para o que você precisa de mim?

— Iana é questão de vida ou morte. Se não me ajudar, eu vou ser morto — disse Malik com medo no olhar.

— No que você se meteu dessa vez? — disse Iana chamando a atenção do irmão.

— Preciso do caderno do patrão.

— Que caderno?

— O que mostra onde tá o ouro.

— Eu não sei de caderno nenhum. Não vou poder te ajudar — disse Iana tentando desconversar. — Agora saia antes que Chica volte e faça perguntas demais. Não quero ninguém sabendo que somos irmãos.

— Se eu morrer a culpa será sua. Só sua.

Malik saiu e deixou Iana sozinha na cozinha. Sua cabeça estava a mil. Sabia da lenda do caderno, mas Chica desmentira a real existência dele. Sabia que não poderia chegar para Ricardo e perguntar aleatoriamente. Também sabia que se algo acontecesse, todos seriam mortos. As coisas pareciam caminhar para um beco sem saída. E Iana temia que seu irmão entrasse em mais enrascadas do que poderia dar conta. Voltou a mexer nas panelas, viu todas as que estavam no fogo, depois, desnorteada, verificou todas novamente. Não sabia o que fazer, não sabia como tirar o irmão da enrascada, na qual ele estava se metendo. Iana estava tão distraída com seus pensamentos que não notou Navalhada entrando na cozinha, exibindo-se com sua navalha de cabo de marfim. Ele a manuseava com destreza. Iana estava ocupada mexendo a carne de porco, que estava no fogo, quando escutou um barulho.

— Nem notei que tinha voltado, Chica — disse Iana ainda mexendo a panela.

Quando se virou, deparou-se com Navalhada. Tomou um susto ao vê-lo com sua navalha na mão.

— Nossa, não precisa se assustar — disse ele.

— Bem que eu notei que os pássaros pararam de cantar de repente — disse ela sem se intimidar.

— Olha como ela está abusada — disse ele ironizando.

Navalhada segurou Iana pelo braço direito e a puxou para perto dele. Seu olhar metia medo. Ela se assustou.

— Da próxima vez, te marco com a minha navalha em brasa.

Iana arregalou os olhos de pavor.

— Marca com o que em brasa? — perguntou Ricardo.

Navalhada soltou rapidamente o braço de Iana, fazendo-a recuar para o lado da pilastra, para longe dele. Ricardo tinha ódio nos olhos, mas não poderia mostrar suas emoções e sentimentos por Iana. Revelaria seu amor por ela e colocaria tudo a perder. Seria imprudente de sua parte. Por isso, mesmo com o ódio crescendo por dentro, mantinha-se calmo e sereno.

— Com nada senhorzinho. Ela que estava me pedindo para ajudar com a brasa.

— Não precisa mais. Eu mesmo ajudo. Agora vá cuidar das minas.

— Sim, senhor — disse o feitor.

Navalhada saiu pisando duro.

Ricardo se aproximou de Iana e verificou se ela estava bem, se Navalhada não a tinha machucado. E, então, acolheu-a em um abraço caloroso e protetor. Ela se sentiu novamente protegida.

19 Deixada para trás

Portugal. Porto de Lisboa. Praia da Saudade, no Restelo junto ao Rio Tejo. As naus, Capitânia, Nossa Senhora da Conceição e Rainha dos Anjos, já estavam quase prontas para a viagem em alto-mar até o Brasil. Cruzariam o Atlântico durante uma viagem de três meses, por isso quanto mais suprimentos fosse possível estocar melhor. E faltavam apenas alguns barris de água e mantimentos para completar a capacidade máxima da Capitânia, que comportava seiscentos tonéis e até duzentas pessoas a bordo; tinha quatro pavimentos e dois castelos de popa, cada um com dois pavimentos. As outras duas naus eram de porte menor. Transportavam cento e oitenta tonéis e mais de cento e cinquenta homens, contando com tripulação e aventureiros, rumo à colônia.

O contramestre e os marinheiros trabalhavam sem parar para que as três embarcações pudessem seguir sua viagem, rumo ao novo continente, ainda na parte da manhã. Da praia, podia-se ver os capitães das três naus no convés. Já estavam em seus postos à espera dos passageiros que, aos poucos, iam embarcando. Os guindastes de cordas grossas e pesadas, puxados pelos marinheiros, subiam com os barris dos barcos menores e os colocavam nos porões das naus.

Perto dali, em terra firme, chegou a carruagem que trazia Dom Pedro de Almeida e suas bagagens. Quando a carruagem parou na frente da passarela que levava até o leito do rio, ao lado da Torre de Belém, o cocheiro desceu para abrir a porta lateral.

Dom Pedro saiu primeiro, depois, ajudou a descer sua esposa, Dona Maria Lencastre, uma jovem portuguesa, de pele branca, mais branca que as nuvens do céu, e cabelos lindamente ruivos, e sua mãe, Dona Isabel de Castro, uma senhora sorridente, com os cabelos já grisalhos e olhos verdes. Maria Lencastre ficou impressionada com a quantidade de pessoas que trabalhavam no porto, mas ficou boquiaberta quando avistou as três naus imensas no meio do Rio Tejo, à espera dos tripulantes e passageiros. Só a Capitânia tinha sessenta metros de comprimento, com panos de velas redondos, imensos, para que pudesse ter mais potência, quando o vento soprasse em alto-mar, e, assim, gerar mais velocidade. Dona Maria não sabia para onde olhar, tinha muito para ver, e a movimentação dos marinheiros a confundia; mas se sentia animada com toda aquela agitação.

— Enfrentaria tudo para te acompanhar nessa viagem — disse Dona Maria.

— Esse mundo não é para você. Teu lugar é na corte — disse friamente.

— Meu filho, não fale assim com sua esposa — disse Dona Isabel, repreendendo Dom Pedro.

— Mãe, Dona Maria sabe muito bem que a colônia não é lugar para ela — respondeu ele. — As trevas se apossaram daquele chão.

— Se aquele lugar é o inferno na terra, por que você precisa realmente ir pra lá? Por que não fica comigo? — perguntou a esposa.

— Se você ainda não notou, precisamos de dinheiro para sobreviver, já que seu pai não consegue ser generoso comigo — respondeu bruscamente.

Brasil, Colônia de Portugal 1717

    Ela não falou mais nada, porque sabia como seu pai lidava com as questões financeiras. Dom Pedro a tratava friamente. Seu pai o tinha forçado a se casar com ela por causa do dinheiro que o velho Lencastre possuía. No início, tudo era uma maravilha, não via problema algum em um casamento arranjado, desde que conseguisse tirar algum proveito da situação. Mas, com o passar do tempo, viu que a única coisa que conseguiria do velho Lencastre seria a mão da filha dele e nada mais. Nenhum dobrão de ouro sairia do bolso de seu sogro. Com isso, Dom Pedro se afundou em dívidas. O que ganhava como guerreiro da coroa mal dava para sustentar a si e a sua esposa.

    Dom Pedro tirou a mãe e a esposa de perto da carruagem para que os empregados pudessem carregar suas bagagens para serem embarcadas. Era preciso começar a se despedir. Dona Maria estava triste, porque sabia que iria ficar muito tempo sem ver seu marido. Apesar de ele a tratar friamente, ela apaixonou-se pelo homem que ele era. O espírito guerreiro que possuía a fascinava. Por isso, na hora em que ele começou a se despedir, ela quebrou o protocolo, abraçou-o e, depois, deu um beijo que ele não esperava. Ele, por sua vez, não correspondeu ao beijo e, logo, desvencilhou-se do abraço.

    — Isso são modos de uma cortesã, minha esposa. Componha-se! — alertou.

    — Perdão, meu senhor. Perdão — falou com vergonha de sua atitude impensada.

Os carregadores já levavam os últimos baús de madeira da bagagem de Dom Pedro, quando foi se despedir de sua mãe, dona Isabel de Castro.

— Meu menino, não se esqueça do comportamento regrado, de tudo aquilo que sempre te ensinei — disse Isabel. — Haja com humildade na vitória, tenha temperança nos momentos difíceis...

Dom Pedro escutou tudo atentamente. Ele respeitava muito sua mãe, mais do que seu próprio pai, que estava moribundo na cama, em casa. Tinha a sensação de que nem voltaria a vê-lo vivo.

— E antes de tudo: respeite os preceitos da Santa Madre Igreja — concluiu Isabel.

Ele sabia que seria impossível atender tudo o que sua mãe estava pedindo. A colônia era um campo de batalha. Como ter um comportamento regrado? Como agir com humildade na vitória, se o que mataria seriam ladrões tentando roubar a coroa? Travaria uma batalha contra a Santa Madre Igreja, pois os jesuítas eram os que a coroa estava atrás, além de bandidos, que se passavam por clérigos para que não desconfiassem deles, quando estivessem fazendo o contrabando do ouro. Seria quase impossível atender aos conselhos de sua mãe.

— Para onde vou, nem sei se é um lugar adequado para praticar minha fé em Cristo.

— Filho!

Brasil, Colônia de Portugal 1717

— Vou tentar pelo menos — disse, tentando deixar Dona Isabel mais tranquila. — Estou levando um padre na minha comitiva. Vai celebrar missas para todos nós ao longo da viagem. Isso tranquiliza a senhora?

— Já é um começo — disse Isabel.

Os trabalhos de embarque já estavam quase concluídos quando Bola de Sebo, um baixinho gorducho, cronista da viagem, apareceu junto deles.

— Meu senhor, já está quase tudo pronto. O capitão está chamando para podermos zarpar.

— Já vou. Me espere perto do escaler.

— Sim, senhor — disse e, logo depois, retirou-se.

Na beirada da praia, outras mulheres se aglomeravam para se despedir de seus maridos, filhos e namorados. Cortesãs davam adeus para os marinheiros.

— Preciso ir.

Dom Pedro abraçou sua mãe. Queria poder carregar todo o amor que pudesse para sua viagem. Os dois ficaram abraçados por um longo tempo. Ele já estava se soltando do abraço, quando sua mãe segurou por mais um tempo e em seu ouvido sussurrou:

— Seu pai ficará orgulhoso de você.

Ele não disse nada. Apenas se soltou do abraço e assentiu com a cabeça. Deu um beijo na testa de sua esposa, ajustou sua espada, que estava na bainha, e virou-se seguindo pela passarela de madeira, que levava até o bote, que o levaria para a nau Capitânia. Ao lado da passarela, estava a grande Torre de Belém, que se projetava para o rio Tejo, sendo testemunha de todas as despedidas que ali aconteciam.

Dona Maria e Dona Isabel ficaram juntas, abraçadas. Viram Dom Pedro seguir para o escaler. Ali, na praia da Saudade, nome sugestivo para o que sentiam todos que se despediam de alguém querido, ficaram as duas a olhar o marido e filho seguindo até a Capitânia.

20 Sonho em alto-mar

O chão árido aumentava ainda mais o calor. Ele suava naquele lugar deserto sem verde, só mato seco e poeira, muita poeira. O sol escaldava, e não havia nenhuma sombra para se proteger. Sua pele branca parecia que ia derreter.

De repente viu um cavalo branco correndo a sua frente. Tinha uma corda amarrada a seu pescoço. Puxava algo, mas não conseguia ver. Dom Pedro não acreditou quando seus olhos viram o cavalo branco, com uma crina branca cintilante.

Correu atrás do cavalo. Viu que um homem era puxado. Tentava, a todo custo, alcançar o animal, para que pudesse soltar o homem preso na corda, pois, de alguma forma, sentia que era alguém conhecido. Já o tinha visto em algum lugar. Entretanto suas pernas pareciam

Brasil, Colônia de Portugal 1717

não obedecer. Eram mais lentas e moles do que o normal. Queria impedir que o homem fosse morto. Com muito custo, conseguiu alcançar o animal e fazê-lo parar. O sol continuava a castigar. Dom Pedro suava mais do que uma égua depois de um galope. Com sua espada, conseguiu cortar a corda que prendia o homem ao cavalo.

Dom Pedro estranhou, porque o homem não se mexia. Com cuidado, foi até ele. Quando viu seu rosto, não acreditou na peça que seus olhos pareciam pregar: era ele mesmo, morto, decrépito, imóvel no chão.

Acordou no susto. Estava salvo, sentia o balanço da nau em alto-mar. Nem acreditou. Beliscou seu braço para ver se era realmente verdade que estava vivo. Por um tempo, tentou pregar os olhos novamente, mas não conseguiu. Foi para o convés. Viu que o capitão-mor da nau estava no comando, enquanto o capitão descansava. As estrelas norteavam o caminho das embarcações. Viu que, ao lado, estava a nau Nossa Senhora da Conceição e, um pouco mais à frente, a Rainha dos Anjos.

Dom Pedro caminhou até o parapeito da Capitânia. A lua ajudava a iluminar o convés. Alguns marinheiros estavam de serviço. No chão, alguns passageiros, que pagavam mais barato pela viagem, dormiam amontoados ao lado de alguns barris de água.

A nau deslizava suavemente pelo mar, quando Dom Pedro de Almeida se entreteve com o brilho do luar no horizonte. Não viu quando Paes Veloso, um português experiente na arte de planejar viagens, aproximou-se e debruçou sobre o parapeito da nau, ao lado de Dom Pedro. Paes Veloso era chefe da comitiva que guiaria Dom Pedro ao cargo de governador das Capitanias de São Paulo e Minas de Ouro.

— Também perdeu o sono? — perguntou Paes Veloso.

— Um sonho bobo que resolveu me atormentar desde que fui nomeado.

— Deve ser só a pressão de comandar a maior e mais lucrativa capitania da coroa na colônia — disse Paes Veloso despretensiosamente, tentando deixar o clima mais leve.

— Paes Veloso, o nosso trabalho na colônia será primordial. Dom João espera que eu faça um trabalho eficaz e que seja hábil na hora de distribuir as terras a quem mais tiver capacidade de extrair ouro.

— Faremos isso. Tem o meu total apoio e confiança.

— Não é à toa que você é meu braço direito — disse ele.

Dom Pedro se aproximou de Paes Veloso e sussurrou para que ninguém o escutasse.

— Quando tomar posse, vou desinfetar as Minas desses jesuítas — disse ele. — Eles são um escândalo para a cristandade. Na avaliação de Dom João, eles são os que mais roubam a coroa.

Brasil, Colônia de Portugal 1717

De madrugada, enquanto todos dormiam ou enquanto alguns pelo menos tentavam, um grupo de marinheiros e tripulantes trabalhava para que a viagem continuasse.

— Espero que não tenhamos muitos atrasos — falou Dom Pedro.

— Não se preocupe. Já está tudo previsto, planejado, combinado... — disse Paes Veloso, tentando tranquilizar o chefe. — Revi todos os planos com o João Ferreira. Ele vai nos guiar pela colônia e já arrumou a parte da comitiva que nos encontrará no porto do Rio de Janeiro.

João Ferreira morava há anos na colônia. O rei tinha pedido que viesse cuidar de Dom Braz Baltazar, o antecessor de Dom Pedro no governo da capitania. Ele e Paes Veloso planejaram, meses antes o trajeto, quem seriam os negros que estariam no grupo e que tipos de índios integrariam a comitiva. Comunicavam-se por meio de cartas, que demoravam meses para cruzar o Atlântico e depois chegar até seus destinatários. Era um sistema lento, mas usado com muita sabedoria pelos dois no planejamento da chegada de Dom Pedro ao Brasil.

— Meu senhor, prometo que não haverá atrasos — disse fazendo reverência. — Agora, se o senhor me der licença...

— Dispensado!

Paes Veloso se retirou e voltou para sua cabine. Quando Dom Pedro se virou para olhar o mar novamente, deparou-se com Bola de Sebo.

Luz na Escuridão

— Posso saber o que o cronista da minha viagem está fazendo acordado a essa hora?

— Não vou mentir para meu chefe. Estava indo assaltar algum tonel de comida.

— Mas a essa hora?

— Pra minha fome, não existe hora — confessou Bola de Sebo. — Aliás, não vai faltar comida lá na colônia não é?

— Espero que não, ou alguém vai sofrer as consequências por isso — disse Dom Pedro. — Agora me leve onde está a comida ou te denuncio para o capitão. Tô morrendo de fome.

Bola de Sebo sorriu e saiu dali seguido por Dom Pedro.

21 Dieta restrita

Maio, 24. A nau Capitânia veio superlotada em seus pavimentos inferiores. Três já morreram de fome e outros dois por causa do escorbuto. Graças a Deus e a Dom Pedro, estou num pavimento com menos viajantes abaixo do convés. São as recompensas de se fazer parte da comitiva do governador enviado pela coroa. O tempo livre já proporcionou tensão entre os viajantes e nem estamos no fim do primeiro terço da viagem. Temo que, até o final dessa jornada, haverá um morto por causa dessas brigas que se iniciam do nada.

Brasil, Colônia de Portugal 1717

Quando Dom Pedro vê uma briga se iniciar, corre até o alto do convés para acompanhar de camarote e ainda torce pelo mais forte. Ele é afeito dessas contendas como diversão. Os oficiais estão tentando a todo custo fazer com que essas brigas não aconteçam. Para isso, eles estão contando com a ajuda do padre Basílio, um jesuíta que está acompanhando a comitiva de Dom Pedro, organizando missas, procissões no convés e encenações de peças contando a vida dos santos. Temos muitos artistas amadores embarcados. Mas do que todos mais gostam são os jogos de cartas valendo alguma coisa de valor.

Mas antes o problema fosse apenas esse. A comida anda ficando escassa. Estão reduzindo a quantidade de comida servida nas refeições. Não aguento mais pão e, muito de vez em quando, carne salgada. Onde está o tempero? Onde foram parar as especiarias? O sabor da comida? Onde foi? Provavelmente ficaram em Portugal. Que saudade dos pastéis de Belém que minha mãe faz.

Ainda contamos com biscoitos, bacalhau, lentilha, alho, cebola, açúcar, farinha, água, que tem alguns barris contaminados, e vinho nas nossas provisões, que o capitão anda racionando. Para garantir algo fresco nessa viagem, trouxeram algumas galinhas que ficam lá em baixo no último pavimento da nau. Espero que chegue, logo, o dia do jantar, em que elas estejam no menu.

Bola de Sebo escrevia em seu diário tudo sobre a viagem. Era seu passatempo preferido. Não tinha boa mão para jogar cartas e também não tinha nada de valor para apostar, somente sua própria vida, que já era de posse de Dom Pedro de Almeida.

Sentiu uma pontada de fome. Escrever fazia-o sentir fome. Lembrou que escondeu em sua bolsa, bem no fundo dela, um pedaço de pão, cujo cheirinho chegou a seu nariz como a fragrância de um perfume francês com cheirinho de comida. Procurou pelo pão no fundo de sua bolsa e provou. Mastigou e viu que não estava estragado, um pouco duro, mas ainda dava para comer. Comeu depressa para que ninguém visse e quisesse tomar dele o pão.

—Ah, meu Deus! Que delícia. Será que tô no céu?

22 Imaculada Conceição

A procissão surgiu em uma das ruas de terra que davam no adro da igreja; andou mais um pouco e, logo, entrou com a imagem de Nossa Senhora da Conceição dentro da igreja. Filipe Pedroso estava entre os quatro homens que carregavam o andor. A vila inteira tinha se reunido naquele último domingo de maio para festejar e coroar Nossa Senhora. Era tradição que, em maio, ao menos aos domingos, após a missa, se saísse em procissão com a imagem de Nossa Senhora pelas ruas de terra da vila, para que ela protegesse o povo e as terras em que eles viviam.

As mulheres tinham colhido flores do campo e enfeitado o andor. As crianças estavam todas de branco, com asinhas nos ombros, todas vestidinhas de anjos. Até as que eram mais levadas estavam comportadas.

Todos entoavam hinos dedicados a Maria. Silvana entrou na igreja cantando alto, com força, como se quisesse que sua voz chegasse ao céu. Era muito devota de Nossa Senhora e, por isso, não media esforços para demostrar seu amor à Mãe de Deus.

Os cantos, que puxavam, eram muito singelos e sempre exaltavam Maria. O povo continuou puxando enquanto entravam pela nave central. Levaram o andor até o altar e o colocaram sobre uma mesa de madeira, que haviam preparado.

Silvana conseguiu chegar perto de João, Domingos, Filipe e de seu sobrinho, Atanásio. Acompanhavam a coroação do meio da igreja. As crianças que estavam vestidinhas de anjos entraram pela nave central, cantando um hino singelo que falava da vontade de coroar Nossa Senhora. Entraram e ladearam o andor de Nossa Senhora da Conceição. Três crianças trouxeram manto, palma e coroa. Eram mais velhas e puxaram um hino que falava dos presentes que dariam a Mãe de Deus. Quando a última criança colocou a coroa sobre a cabeça da imagem de Nossa Senhora, uma salva de palmas preencheu todo o espaço.

O padre ficou emocionado e era o que mais batia palmas. As crianças saíram e foram ficar com seus pais. O padre se dirigiu para o púlpito.

— Queridos irmãos, estamos encerrando hoje maravilhosamente o mês de maio com essa linda homenagem à Mãe de Deus — disse o padre com sua voz grave. — Amanhã, começará nossa trezena em honra ao nosso padroeiro Santo Antônio.

A assembleia comentou, e um burburinho pôde ser ouvido do altar.

Domingos estava do lado da esposa quando ouviu o padre falar que seriam treze dias de festa do padroeiro.

— O padre tá doido? O que há de se celebrar num tempo em que as pessoas estão passando fome? — sussurrou Domingos no ouvido da esposa.

— Ai Domingos, deixa o homem celebrar — falou Silvana entre os dentes para não chamar atenção. Filipe, que estava do lado da irmã e escutou o cunhado falar, esticou-se para poder conseguir falar muito alto e assim Domingos escutar.

— Fora a falta de mão de obra na lavoura.

Silvana se meteu novamente no meio dos dois para ver se eles paravam de fofocar, enquanto o padre ainda falava sobre os festejos do padroeiro.

— É preciso rezar, isso sim!

— Eu preciso é consertar minha canoa que tá entrando água e nenhum peixe — disse Domingos, fazendo pirraça.

Silvana olhou-o, reprovando-o.

O padre terminou de comunicar os avisos e disse do altar:

— Agora a bênção final.

23 A caminho do Novo Mundo

Julho, 11. Já estamos há quase três meses em mar aberto. Os marinheiros e tripulantes seguem trabalhando em turnos. Hoje o tempo está fechado. Acredito que não tardará cair um temporal. No último, a nau balançou tanto que pus o jantar, se é que aquilo poderia ser chamado de jantar, para fora. Espero que hoje seja uma chuva mais tranquila.

Dom Pedro já resolveu tudo o que tinha de resolver de sua viagem até as Minas de Ouro, inclusive até já planejou sua posse na capitania de São Paulo para ajudar passar o tempo. Há uns dois dias, começamos a ver ilhotas, isso só comprova a informação, que o capitão nos deu, de que no máximo duas semanas estaremos em terra firme.

Finalmente, vou conhecer o Novo Mundo de que tanto falam em Portugal. Colocarei meus pezinhos no chão da colônia e caminharei não rumo às lindas paisagens, que sei que lá tem, mas na direção dos banquetes, da comida boa e farta. Estou literalmente morrendo de fome, fazendo jejum forçado. Metade das provisões estragou quando completamos um mês e três semanas de viagem. O capitão decretou que se racionasse a comida. Apenas altas patentes e os mais importantes, como meu chefe, é que estão podendo comer algo ainda melhor. Dessa vez, nem fazer parte da comitiva de Dom Pedro está me ajudando. Aliás, ele nos disse que deveríamos ser exemplo para os outros passageiros e tripulantes — É... vá ele dizer isso para minha fome sem-fim.

Acredito que todos anseiam por chegar a terra firme o quanto antes. Dom Pedro não aguenta mais ficar confinado nessa nau. Paes Veloso tenta acalmá-lo dizendo que, em breve, chegarão ao Brasil; mas, nos últimos dias, essa desculpa não tem surtido mais efeito.

Apesar de a Capitânia ser uma das maiores naus que o Reino de Portugal possui, ela não é grande suficiente para que o futuro governador se entretenha e esqueça o tempo que ainda falta para chegarmos a nosso destino.

Já eu, tenho tentando esquecer a falta de comida e pensado em alguma história. Quero escrever um livro. Por isso, durante esses dois meses indo para o Brasil, tenho prestado atenção na movimentação dos tripulantes. Penso em escrever algo sobre viagens no mar. Tenho tentado focar nisso e tem sido um ótimo exercício para passar o tempo. Talvez minha história pudesse contar sobre um cozinheiro que viaja por meses, tentando fazer a melhor comida que se possa oferecer numa nau cruzando o Atlântico; se faltar comida, ele terá de se virar com o que encontra nos tonéis.

Bola de Sebo rabiscou a última frase de seu diário.

— Ai meu Deus, já estou pensando em comida novamente — falou consigo mesmo. — Preciso imaginar outra história. Uma que não envolva comida — pensou.

Voltou a escrever em seu diário, logo abaixo da frase riscada.

Há dias percebo que é o piloto da nau quem realmente comanda a embarcação. O Capitão nem contesta sua autoridade técnica. Nosso capitão tem mais o comando político da tripulação. Perguntei outro dia ao Paes Veloso quem era o homem que ficava ao lado do piloto da nau, fazendo cálculos de navegação. Fiquei curioso de saber. Ele me explicou que era o timoneiro. Ficava com o astrolábio e com uma bússola traçando a rota para a colônia. Ele ajudava o piloto a não traçar uma rota diferente ou se perder, como Cabral, e vir parar no novo mundo.

Se o tempo ajudasse, em mais duas semanas, as três naus atracariam no porto do Rio de Janeiro. Faltava pouco para que o cronista faminto e a parte portuguesa da comitiva do novo governador da capitania de São Paulo e Minas de Ouro pudessem iniciar sua jornada por terra, rumo a Vila Rica, passando antes pela parte paulista da capitania e, depois da posse, seguindo para as minas.

Bola de Sebo estava tão entretido com seu diário e com sua fome que nem percebeu a movimentação. Um pouco mais atrás de onde ele estava escrevendo, os marinheiros subiram, de um dos pavimentos abaixo do convés, com um corpo enrolado em um pano. Era de um passageiro que havia morrido de fome. Todos acompanharam a movimentação; os homens pararam com o defunto a um metro do parapeito da nau, e esperaram a encomenda do Padre Basílio, para depois jogarem o morto no mar.

Acima de suas cabeças, o céu tinha escurecido. Nuvens carregadas se juntaram rapidamente com o vento e um forte temporal ameaçava cair.

Padre Basílio se aproximou e fez a oração de encomenda, jogou água benta e os homens lançaram o corpo no mar, que logo afundou e sumiu. Os homens se dispersaram, voltando a seus postos. Padre Basílio avistou Bola de Sebo entretido escrevendo e foi para perto dele.

O cronista faminto estava tão preocupado com a falta de comida que até se sentia menos gordo. Só notou que o Padre Basílio estava perto, quando pensou ter sentido cheiro de comida.

— Oi Padre. Estou preocupado, minha barriga não é mais a mesma, é? — perguntou com uma leve tensão na voz e mostrando sua silhueta.

— Claro que é a mesma — respondeu Padre Basílio. — Continua gordo como sempre foi.

Brasil, Colônia de Portugal 1717

Basílio era um padre jovem, jesuíta. Tinha sido designado para acompanhar a comitiva do novo governador. Mesmo não concordando com os métodos de Dom João V, pois era contrário à forma com que a Coroa Portuguesa atuava em suas possessões, por obediência a seus superiores embarcou com Dom Pedro e parte de sua comitiva para a colônia. Além da missão de celebrar missas para o futuro governador, também estava incumbido de catequizar os índios carijós, que acompanhariam a comitiva.

— Não vejo a hora de colocar minha boquinha gorda nas iguarias e quitutes que fazem na colônia. Chega dessa vida de passar fome, padre.

— Se você tivesse o jejum e a abstinência como um hábito, não estaria passando aperto com a falta de comida — disse Basílio —; mas, ficar cometendo o pecado da gula a cada refeição que faz, dá nisso!

— Sou capaz de matar, por comida.

Depois de falar, pensou no que havia dito:

— Essa informação pode ficar como segredo de confissão?

Padre Basílio riu da pergunta de seu amigo, pois sabia que Bola de Sebo não era capaz de fazer mal a uma mosca. De repente, um raio iluminou o convés da nau seguido de um trovão forte, que fez Padre Basílio e Bola de Sebo se assustarem. As nuvens pareciam cada vez mais pesadas. Não tardou muito para que pingos grandes começassem a cair, espantando os tripulantes do convés. A chuva engrossava a cada segundo. Bola de Sebo juntou suas coisas e seu diário e correu, com padre Basílio, para se proteger da chuva.

24 Em terra firme
Julho, 24.

— Interceptaram? — perguntou Dom Pedro.

— Sim, meu senhor. As cartas revelam muito sobre o contrabando. Por isso, estão vindo ordens expressas dEl-Rei para que seja julgado e condenado.

Os dois conversavam na cabine do novo governador, que ficava no castelo de popa na parte da frente da nau. Lá fora, o mar, Dom Pedro e Paes Veloso em uma conversa confidencial.

— Chegando a Vila Rica emitimos a ordem de prisão — orientou Dom Pedro.

— Acho que deve ser pego desprevenido — disse Paes Veloso. — Sem muito alarde. Assim evitamos que tenha tempo de fugir.

— Parece que existe um bando de homens que vão de vila em vila assaltando moradores, saqueando carregamentos de ouro. Temos que dar um fim neles — disse Dom Pedro. — Dom João não aguenta mais saber que seu ouro foi roubado por esses homens.

— O Bando dos Sete — disse Paes Veloso.

— Isso mesmo! Precisamos acabar com essa corja. Essa raça ruim tinha que ser enforcada e não jogada nas praias da colônia — disse o novo governador com raiva.

— O senhor agora terá esse poder nas mãos.

— Vou pôr um fim nisso, Paes Veloso. Um fim, ou não me chamo Dom Pedro de Almeida Portugal e Vasconcellos.

A porta da cabine se abriu repentinamente.

— Chegamos! — gritou Bola de Sebo cheio de alegria.

Dom Pedro ficou de pé em um pulo. Paes Veloso o seguiu, e eles seguiram Bola de Sebo. Quando saíram da cabine, puderam ver as matas e as montanhas que circundavam a capitania do Rio de Janeiro e viram ao longe o porto. Era preciso esperar o escaler para que pudessem chegar a terra firme. Os três foram até o parapeito da nau para verem melhor as terras da colônia até onde a visão conseguia alcançar.

— Aqui eu começo meu trabalho de limpar a colônia. Paes Veloso, não temos tempo a perder.

Paes Veloso e Bola de Sebo se olharam e riram. Sabiam o quanto Dom Pedro queria pisar a terra firme. O escaler já estava quase chegando próximo à Capitânia. Dom Pedro estava impaciente, já estava na escada de cordas quando o barco encostou na nau. Dom Pedro desceu seguido de Paes Veloso, Bola de Sebo e Padre Basílio. O grupo seguiu pelo escaler até o porto e, quando chegou, atracou.

No porto João Ferreira, o organizador da comitiva, já esperava por eles. Além dele, mais vinte índios carijós e outros vinte negros esperavam a chegada de Dom Pedro, o novo governador da capitania de São Paulo e das Minas.

— João Ferreira, esse é o Excelentíssimo Dom Pedro de Almeida Portugal e Vasconcellos, nosso novo governador — disse Paes Veloso a João Ferreira, apresentando Dom Pedro.

João Ferreira se aproximou e cumprimentou o governador, formalmente:

— Excelentíssimo Senhor Dom Pedro, senhor destas terras, seja bem-vindo ao Brasil, colônia de Portugal. Já ouvi falar muito bem do senhor nas batalhas da Guerra da Sucessão. Será um prazer servi-lo.

— Obrigado, meu nobre João Ferreira — disse Dom Pedro. — Obrigado pela calorosa acolhida. Espero mesmo contar com seus serviços, porque sinto que estamos só começando a nossa jornada pelo inferno.

João Ferreira engoliu seco ao ver que o futuro governador não estaria para brincadeira. Veio pôr ordem na casa. Tinha pulso firme, o que a capitania precisava; mas sabia que penariam para fazer com que as coisas entrassem em ordem.

Bola de Sebo se esgueirou por entre os homens e chegou onde Paes Veloso estava. O cronista faminto desejava que pulassem as formalidades e fossem direto para o banquete de recepção.

— Quando vão servir o almoço? — perguntou Bola de Sebo para Paes Veloso.

Paes Veloso escutava atentamente a conversa entre o governador e João Ferreira.

— Quando acharem que deve — respondeu Paes Veloso, sem olhar para o lado.

Os passageiros que sobreviveram a viagem, as bagagens e os baús começaram a ser retirados das naus. Vinham aos poucos nos barcos menores para o porto.

— Quando partimos? — perguntou Dom Pedro.

— Amanhã. Se possível, antes de o sol nascer, seguiremos pelo mar até o porto de Paraty — revelou João Ferreira —, e de lá, até Santos. Depois iremos a cavalo para a província.

— Podemos partir após a missa?

— Podemos, meu senhor. Como quiser. Só não poderemos nos atrasar muito. Tem muito chão pela frente até chegarmos à província de São Paulo — explicou João Ferreira.

— E quando poderemos comer? — perguntou o faminto Bola de Sebo.

— Isso é pergunta que se faça? — retrucou Paes Veloso.

— Devem estar famintos — disse João Ferreira. — Já vamos comer. Logo poderá tirar a barriga da miséria.

— Deus seja louvado! — disse Bola de Sebo com alegria no olhar.

Todos riram do desespero por comida que Bola de Sebo estava.

25. Pedido de libertação

Aqueles mais fiéis, que frequentavam a igreja em Vila Rica, já começavam a chegar para missa. O sacristão ainda trazia o missal e outros objetos litúrgicos, como galhetas, cálice e patena, entre outros, todos feitos de ouro. As chamas das velas acentuavam ainda mais o dourado das peças e iluminavam os altares laterais. Três para cada lado, um para cada irmandade presente em Vila Rica. E, no centro de tudo, o altar-mor com a imagem de Nossa Senhora da Conceição no alto. Ela velava por todos aqueles que vinham a seu encontro pedir socorro ou fazer uma prece, suplicando algo.

Ricardo não costumava vir à missa todos os dias, mas, desde que chegara a Vila Rica, acostumara-se a visitar todas as tardes, na igreja, a imagem de Nossa Senhora da Conceição. E, entre piedosas ave-marias, pedia-lhe a bênção e a proteção. Em sua cabeça muitas coisas vinham à tona. Era o casamento arranjado, os mandos e desmandos do pai, o maltrato com os negros e seu amor quase impossível por Iana. Ele sabia que seus pais nunca aceitariam aquele romance. Se havia arranjado um casamento por questões de poder, nunca deixariam que ele rompesse com o casamento arranjado e ainda se casasse com uma escrava. Era um beco sem saída, que só a intervenção divina poderia resolver.

O jovem filho de Sebastião de Sá rezou, por alguns minutos de cabeça baixa, enquanto era velado pelos olhares de São Francisco, de Jesus preso à cruz, de São Miguel e de Jesus carregando a pesada cruz. Em alguns momentos, trocava olhares com a imagem de Nossa Senhora da Conceição, como se conversasse de filho para Mãe, em pensamento.

Ricardo também era velado por Iana, que estava do lado de fora, olhando por uma porta lateral da igreja. Ele terminou sua prece e se levantou fazendo o sinal da cruz. No meio do caminho, cumprimentou algumas pessoas e seguiu até a porta principal. Benzeu-se com a água benta e, quando saiu, deparou-se com Iana.

— Ué, você por aqui? — perguntou Ricardo.

— Vim rezar na do Rosário — disse ela.

A capela do Rosário tinha sido construída por negros, para negros. O único branco que colocava os pés lá era o padre. Como as outras irmandades da colônia, os negros também se organizaram, e os alforriados ajudaram a construir uma pequena capela dedicada a Nossa Senhora do Rosário, sua protetora.

Iana, pelo pouco tempo que estava na colônia, já tinha aprendido um pouco sobre a devoção a Nossa Senhora. E, quando podia, também ia aos pés dela rezar e pedir por sua libertação. Não tinha sido diferente naquele dia. Voltava da capela do Rosário quando viu Ricardo entrando na igreja de Nossa Senhora da Conceição.

— Fiquei esperando para te ver de perto — revelou Iana.

— Não podemos ser vistos aqui, Iana. Alguém pode contar para o meu pai que nos viu juntos, e ele vai me encher de perguntas — alertou Ricardo.

Iana abaixou a cabeça. Arriscara-se para ver o amado, e, agora, ele estava chamando a atenção dela por ter feito aquilo.

— Não fica assim. Eu adorei te ver. Mas as pessoas podem julgar mal o nosso amor. Doeria demais ver você ser castigada por minha causa.

A vontade de Ricardo era de poder abraçar, beijar sua amada, proteger, mas não podia fazer tudo isso na frente das pessoas. Eles não entenderiam seu amor por uma negra, uma escrava.

— Ninguém nunca vai entender o que sentimos um pelo outro, não é? — perguntou Iana, com tristeza.

— Um dia, quem sabe... — falou Ricardo com um ar de esperança.

Lá dentro da igreja, os tubos do órgão começaram a soltar ar e com eles um som melancólico, acompanhado por vozes afinadas; era o canto processional da Missa em Ré Menor, de Antonioni, que deixava a conversa dos dois ainda mais melancólica.

— Iana, o que os outros dizem, ou tentam impingir, não mudará em nada o amor que eu sinto por você. Em nada. Acredite nisso. Não tenha dúvida. Mesmo que tentem te fazer acreditar no contrário. Eu te amo e seguirei te amando até minha morte! — disse Ricardo olhando nos olhos de Iana.

— Eu também — sussurrou ela.

— Agora vá. Volte para casa, antes que alguém — você sabe quem — note sua ausência.

Iana desejava ficar mais, mas entendia que seria perigoso e que, no casarão, poderiam estar precisando dela. Então mais do que depressa se pôs a caminho de casa. Ricardo ainda olhava para ela enquanto seguia pela rua reta que dava para o morro onde a igreja de Nossa Senhora estava. Iana olhou para Ricardo antes de virar a esquina e sumir da vista de seu amado.

26 A chegada do governador

Agosto, 31. Depois de dias caminhando por terra e comendo o pão que o diabo amassou, a comitiva do excelentíssimo governador já se aproximava da Província de São Paulo e, finalmente, poderia tirar a barriga da miséria. Dom Pedro poderia comer do bom e do melhor, e o faminto Bola de Sebo também.

Estava ainda a uma légua da cidade quando encontrou com cento e cinquenta cavalos formados. Era uma recepção à altura do novo governador, embora as pessoas que o recepcionavam tivessem um gosto duvidoso. Bola de Sebo olhava tudo, observava cada detalhe para mais tarde relatar no diário de viagem.

Existia muita diversidade nas roupas que os homens vestiam, e as cores eram ainda mais esquisitas. Havia casacas verdes com botões encarnados, outras azuis agaloadas de uma forma nunca antes vista. Mas faziam festa e estavam felizes com a chegada de Dom Pedro à província.

Tudo tinha sido preparado pelo Capitão-mor, Manuel Bueno da Fonseca. Ele era um cavaleiro de hábito e um dos paulistas com entendimento e prudência. Mesmo com a saída de Dom Braz Baltazar da Silveira, antigo governador da Província, a Coroa Portuguesa deixou que o capitão-mor continuasse o mesmo.

Manuel Bueno era um oficial de grande patente para comandar as terras paulistas, enquanto Dom Pedro estivesse contendo as revoltas nas Minas de Ouro.

A comitiva se aproximou, e ele desceu de seu cavalo e foi ao encontro de seu novo governador. Muito sorridente, foi cumprimentando e exaltando o senhor Capitão-Geral, Dom Pedro.

—Meu nobre governador, seja muito bem-vindo às terras da Província de São Paulo — disse o Capitão-mor.

—Agradeço a hospitalidade, meu nobre Manuel Bueno. Uma recepção magnífica. Mas vamos, porque minha comitiva está muito cansada da viagem, e eles precisam repor as energias para seguirmos após a minha posse — disse Dom Pedro se apressando em sair e continuar a viagem.

Com festa e júbilo, continuaram a caminhar até a cidade. No caminho, encontraram muitas pessoas que saíam de suas casas para receber seu novo Capitão-Geral.

Brasil, Colônia de Portugal 1717

As ruas estavam enfeitadas com muitos arcos, uns com prata, outros, com laranjas e flores. Tudo muito festivo para acolher bem o governador e sua comitiva. Quando Dom Pedro chegou ao adro da Igreja de São Francisco, apeou seu cavalo e, logo, entrou para fazer uma oração. Padre Basílio o seguiu, mas ficou alguns bancos atrás dele. Não queria tirar a privacidade da oração e muito menos ter intromissões em suas preces.

Ao sair da igreja, Dom Pedro deparou-se com uma tropa de cavalos, que não estava ali quando entrou para rezar. Tinha sido conduzidas até o adro para ser apresentada a seu novo dono. Os cavaleiros seguravam o magnífico presente por cabrestos de corda.

Uma parte foi dada pela Câmara da Província de São Paulo. Queriam a todo custo agradar seu futuro governador. A outra parte, chegou mais cedo, naquela mesma manhã, vindos de Santos.

— Meu senhor, estes são presentes da nossa câmara. E os outros foram mandados por Dom Caetano, grande fazendeiro, dono de muitas terras em Santos.

— Bola de Sebo, preciso que escreva a Dom Caetano agradecendo os equinos. Mas diga também que, da próxima vez que resolver me presentear, mande cavalos novos. Esses três aqui estão velhos demais.

Tinha tantos cavalos diante de Dom Pedro, que se deu ao luxo de rejeitar alguns. Em sua lista de rejeitos, estavam os mais velhos, os que tinham machucados e os que eram totalmente brancos. Esses o lembravam de seu sonho, que havia se tornado recorrente e, a cada três noites, assombrava seu sono.

Enquanto fazia suas preces, a comitiva começou a se alojar no Palácio do Governador.

27 Jogo do Poder

A carruagem corria ligeira pelas estradas que ligavam a vila de Santo Antônio de Guaratinguetá até as terras de José Correia Leite, na vila de Pindamonhangaba. Sozinho em um dos bancos estava Dom Martiniano, o bispo da diocese do Rio de Janeiro; no banco do outro lado, estavam o Capitão, Antunes Fialho, e José Correia Leite. Seguiam aos solavancos.

— Aportaram no Rio de Janeiro no final do mês, passando como estava planejado — informou Dom Martiniano. — E, no dia seguinte, partiram depois de uma missa que celebrei. Nunca vi uma comitiva tão grande para um governador... Acho que com mais de oitenta homens.

— E ele é isso tudo que dizem? — perguntou José Correia.

— Veio limpar a colônia dos maus elementos? — argumentou o capitão.

— Dizer que veio, ele diz. Agora, fazer é que veremos se será possível — disse o Bispo.

Brasil, Colônia de Portugal 1717

A carruagem começou a sacudir mais que o normal. Estavam em uma parte ruim da estrada. Os três balançavam.

— Só um segundo, senhores — disse o capitão, interrompendo a conversa.

Em seguida pôs a cabeça para fora.

— Cocheiro, vá um pouco mais devagar — gritou o capitão.

A carruagem foi reduzindo a velocidade, e o balanço ficou suportável.

— Me desculpem. Esse cocheiro é novo. Mas, continuem... — disse ele se sentando novamente.

— Dom Martiniano, é verdade que, a cada cinco dias, um malote é enviado para a Coroa informando o que se passa aqui no Brasil? — perguntou José Correia.

— Sim, meu filho, é verdade — afirmou o bispo. — Um mensageiro sempre parte até o porto mais próximo e despacha o malote em alguma nau ou fragata para Portugal.

— E o senhor sabe o que contém esses malotes? — perguntou José Correa.

— Ouvi falar que são cartas do próprio governador dando informações de como está a evolução de sua viagem, ou do que está acontecendo na colônia — explicou o clérigo.

José Correia Leite era dono de muitos escravos e de uma vasta extensão de terra na vila de Pindamonhangaba.

Ele estava interessado em saber quem era esse novo governador, por que existiam irregularidades em sua fazenda; muitas coisas em suas terras que, se descobertas, poderiam fazer a Coroa revogar sua liberação para explorar as terras que possuía. Por isso temia que algo acontecesse com a chegada de Dom Pedro à província e com a passagem dele por suas terras, na viagem rumo às Minas de Ouro.

— Se ele tiver uma visão errada do que fazemos aqui, a supervisão da Coroa Portuguesa pode aumentar ainda mais — alertou José Correia.

— Certamente, mas não é o que queremos — afirmou Dom Martiniano.

— Não, não é — afirmou José Correia.

Em parte, os malotes iam para Portugal com atualizações de mapas e desenhos da fauna e flora da colônia. E, a outra parte, eram atualizações de informações da colônia.

— Dom João está confiante de que Dom Pedro de Almeida possa dar um jeito nos grupos que saqueiam os carregamentos de Vila Rica — contou o bispo. — Sabe-se que ele era um ótimo general de guerra. Talvez isso tenha pesado na escolha de Dom João.

— Nossa gente vai sofrer nas mãos desse homem — disse José Correia.

— Precisamos observar — disse o bispo alertando.

— Precisamos ter é cautela, Eminência!
— Também. Por isso, acho que seria muito importante os dois estarem na posse dele em setembro — informou o bispo. — É importante criarmos pontes!
— Estarei Dom Martiniano!

José Correia Leite acenou com a cabeça confirmando que também estaria na posse do novo governador. Enquanto os homens do poder na colônia tramavam contra a chegada de Dom Pedro de Almeida, sua comitiva vinha por terra de Santos para o centro da província. Não tardariam chegar a São Paulo.

28 Coerção

Desde que voltou a trabalhar pesado na busca pelo ouro, Malik tinha saído da procura no leito do rio, para escavar em uma das minas de Sebastião de Sá. Navalhada o colocou em um trabalho que era ainda mais braçal e puxado, para que não tivesse tempo de pensar na vida. Malik ficava quase o dia todo no leva e traz de terra do fundo da mina para fora. Quando não era terra, era o carregamento de ouro que outros escravos iam juntando no fundo da mina ao longo do dia de trabalho. A mina era tão grande e tão funda, que a maior parte do tempo Malik passava nos túneis.

Vinha subindo pelo túnel. Já via a luz que entrava pela abertura da mina. Quando saiu pela abertura de entrada da mina, um saco foi colocado em sua cabeça sem que visse de onde veio e quem colocou. Sentiu uma dor forte na nuca antes de desmaiar.

Quando despertou, viu que estava no meio do mato e, em volta, o Bando dos Sete. Estava de joelhos, com os braços para trás e os punhos amarrados. Malik forçou as mãos para se soltar, mas não conseguiu. Ficou ainda com mais raiva. Observou todos com um olhar apavorado. Rato se aproximou.

— Desculpe os modos do meu bando. Eles são muito persuasivos em trazer as pessoas para conversar comigo — disse o Rato com um sorriso no rosto.

— Por que vocês fizeram isso? Se o Navalhada sonhar que não estou na mina, ele me mata — disse Malik revoltado.

— E se não viesse, nós te mataríamos. Você não tem muitas opções, Malik — disse o líder do bando.

O escravo tentava se equilibrar por estar de joelhos. O Raposa e o Espanhol, por vezes, tentavam fazer Malik ficar firme, apoiando-o para não cair de vez. João da Cruz, o Rato, pegou um caixote de madeira e sentou na frente do escravo.

— E o nosso acordo? Está de pé? — perguntou.

— Não existe caderno.

— Existe.

Maré Alta se aproximou dos dois, ficou em pé, de braços cruzados, ao lado do Rato como se fosse um leão de chácara.

Brasil, Colônia de Portugal 1717

— Não consegui descobrir se é verdade.
— Então descubra.
— Não dá. O feitor do casarão está de olho em mim.
— Nós sabemos — disse Maré Alta. — Temos te vigiado.
— Malik, desde que conversamos e pedimos educadamente para trazer o caderno do seu patrão para nós, estamos seguindo seus passos. Não tem nada que possa ser escondido dos olhos do Águia; ele e o Raposa cuidam muito bem de você — disse João da Cruz, pausadamente.

O escravo tinha abaixado sua cabeça. Por mais que tentasse dizer que não sabia do caderno, o bando não acreditava. Falava como se pensasse em cada palavra que proferia. Era meticuloso com sua fala. Queria que fosse muito bem entendido.

— Não queria usar métodos um pouco ortodoxos para conseguir que você traga esse caderno até nós. Mas se for preciso, sequestro sua irmã — Malik olhou nos olhos do Rato. — Já disse: não tem nada que possa ser escondido de nós. Sabemos que a escrava que fica de gracejos com o patrão branco dela é sua irmã — completou o Rato.

Malik tentou se soltar, mas não conseguiu. O nó estava apertado, e as cordas, em seu pulso firmes. Queria poder voar no pescoço do Rato para acabar com todo aquele sofrimento pelo qual passava. Soltou toda a raiva que tinha em sua fala.

— Não se metam com a minha irmã! Ouse tocar num fio de cabelo dela e terão de se acertar comigo — gritou Malik com raiva.

— Rapaz, pra que tanta raiva? Não queremos mexer com ela. Só se você nos obrigar — disse o Rato com toda calma. — Queremos que converse com ela. Ela fica dento da casa. Esse caderno só pode estar lá. Será mais fácil para ela pegar, ainda mais por contar com o amor do patrãozinho.

— Por favor, não envolvam minha irmã nisso.

— O tempo está passando, Malik. Está passando e minha paciência acabando.

— Preciso de tempo para conseguir roubar o caderno — disse Malik, quase em um sussurro.

— Precisa? Já dei tempo demais, escravo — disse o Rato. — Você tem até domingo de noite para trazer esse caderno até nós.

— Se não vier, iremos atrás da sua irmã, e aí não me veja sem paciência. Sou capaz de coisas que até Deus duvida — completou Maré Alta.

— Deixem a Iana fora disso. Ela não tem culpa de nada.

— No final de semana, eles sempre ficam fora o dia todo. Você precisa descobrir o local onde está o caderno e retirar ele de lá sem que ninguém te veja — disse Maré Alta.

Brasil, Colônia de Portugal 1717

Enquanto o Rato era o líder do bando, Maré Alta era o estrategista. Os anos trabalhando como contrabandista fez dele um homem com uma mente estratégica, que sabia encontrar as brechas perfeitas para conseguir o que queria.

— Mas por que vocês mesmo não roubam o caderno? Sabem de tudo.

— Eles já estão acostumados a te ver por lá. Nós seríamos barrados se fôssemos vistos perambulado durante o dia em volta do casarão — explicou Maré Alta.

O Rato já estava impaciente. Levantou do caixote e ficou de pé. Andava de um lado para o outro enquanto Maré Alta olhava para Malik ajoelhado no chão de terra.

— Traga o caderno e deixaremos você e sua irmã em paz. Poderão até fugir. Olha como sou bonzinho! — falou o Rato com certa ironia. — Se isso te ajuda a decidir a nos ajudar, deixaremos vocês dois livres. Não é o que você tanto deseja?

Malik pensava na proposta que acabara de ouvir. Pensava e repensava as palavras que o Rato disse para ele. Sua vida estava em jogo e agora a de sua irmã. Sabia que João da Cruz, o Rato, era um homem sem escrúpulos. Não conseguia confiar nele. Mas não via saída. Estava cada vez mais se enveredando por um caminho sem volta.

— Nos deixará livres? — perguntou Malik com desconfiança.

— Sim. Tem a minha palavra — disse Rato — Depois que o caderno tiver em minhas mãos, ajudamos vocês a escaparem. Serão livres! Porque, caso contrário, sua alma será pra sempre minha. Se é que você tem uma... Vou te caçar até no inferno.

Rato riu ao terminar de dar seu recado. Malik não viu o Raposa dar uma paulada em sua nuca. Sentiu novamente a dor lancinante e caiu de cara no chão.

Quando acordou, sentia ainda a dor na nuca e estava no chão, próximo ao casarão, novamente em território seguro, se é que se podia chamar aquele lugar de seguro. Em sua cabeça, ainda dolorida pelas pauladas que o fizeram desacordar por duas vezes, a voz anasalada do rato reverberava o pedido que ele não gostaria de atender: "No final de semana, eles sempre ficam fora o dia todo. Você precisa descobrir o local onde está o caderno e retirar ele de lá sem que ninguém te veja". Tentou esquecer, ao menos por aquela noite, o que acontecera mais cedo. Levantou-se, tirou a sujeira que estava grudada em seu peito e foi para a senzala.

29 Chicotadas e Navalhadas

Por testemunha, só as estrelas. O cavalo subia a estrada da colina a galope, iluminado pelo luar. Em cima, Navalhada estava com uma cara de poucos amigos. O ódio fazia seu sangue ferver. Quando chegou diante do casarão, apeou seu cavalo e seguiu para

Brasil, Colônia de Portugal 1717

a senzala. No caminho, dobrou as mangas de sua camisa revelando seus braços cheios de cicatrizes finas, retas, paralelas umas às outras, todas feitas por sua navalha.

Abriu, em um rompante, a porta de madeira grossa da senzala, tamanha era sua força e raiva. Os negros já estavam todos reunidos na senzala. Imediatamente, pararam o que estavam fazendo para olhar o feitor, que entrava decidido na direção de Malik. Iana estava próxima e observava tudo o que acontecia.

Sem dizer nada, Navalhada pegou Malik e o arrastou para fora da senzala. Os negros saíram para acompanhar o que Navalhada estava fazendo com Malik, menos as escravas que eram mães e estavam com suas crianças.

Quando Navalhada alcançou o tronco que existia na entrada da senzala, prendeu Malik às correntes e pegou seu chicote. Iana assistia a toda movimentação da entrada da senzala. Estava desesperada, mas não poderia demonstrar, caso contrário, entraria no castigo também.

Ele deu a primeira chicotada.

— Essa é pra você aprender a não fugir do trabalho.

Deu uma segunda chicotada, que arrancou sangue das costas de Mailk.

— Essa é pra não ficar sumido por uma tarde inteira.

Malik estava firme. Sentia as chicotadas, uma após a outra, sem se curvar. Seu ódio crescia a cada chicotada que Navalhada dava nele.

— Isso é pouco pra escravo que some do trabalho. Vou tá no teu pé. No teu encalço, negro fujão — gritava Navalhada.

Sebastião de Sá apareceu na varanda do casarão, viu Navalhada castigando um dos negros, nem se abalou e voltou para a sala, onde estava fumando seu charuto. Mais uma vez, o chicote fustigou as costas já muito machucadas de Malik.

— Você não vai dizer nada? Não vai reclamar? — gritou Navalhada.

Navalhada ergueu o chicote e bateu com mais força nas costas de Malik.

— Não vou dar esse prazer a você — respondeu Malik entre os dentes.

— Quando é que você vai aprender, maldito? — berrou Navalhada.

De raiva, soltou o chicote, que caiu no chão, e, quando caminhou na direção do negro preso ao tronco, apareceu uma navalha com cabo de marfim em sua mão, do nada; ele a pressionou no pescoço do negro, que agora tremia de medo de ser morto. Iana teve muito medo nessa hora, tanto que levou suas mãos à boca para não soltar um grito.

— Está vendo o meu braço? — gritou Navalhada.

Navalhada mostrou o braço cheio de cicatrizes. Mas Malik não olhava.

— Não vira o olhar. Quero que olhe! — gritou.

Mas Malik não lhe obedecia. Com a mão que mostrava o braço, levou a cabeça de Malik para frente.

— Olhe negro maldito! — gritou.

Malik abriu os olhos e viu as cicatrizes no braço de Navalhada.

— Cada risco desses foi feito com a minha navalha, cada um corresponde a uma vida que tirei e tô doido pra pôr a sua alma no meu braço.

— Vai pôr a alma de quem no seu braço? — perguntou Ricardo calmamente.

Navalhada virou e se deparou com Ricardo em pé atrás dele. Logo que o viu, foi guardando sua navalha e ficando sem ação.

— Não vai querer matar esse escravo, vai? — disse Ricardo.

Iana continuava a observar tudo da porta da senzala, os outros negros também acompanhavam.

—Ele é escravo fujão, senhorzinho — retrucou Navalhada.

Navalhada não gostava de dar satisfação de seu trabalho, muito menos para Ricardo, que só o respeitava por ser filho de Sebastião de Sá; mas o achava fraco e de coração mole nos julgamentos.

— Mas ele não está de volta? — perguntou Ricardo
— Fugindo ou matando, o meu pai ficaria sem o escravo. Tira ele já daí antes que eu mesmo o tire.

Navalhada muito a contragosto tirou Malik do tronco. O negro estava todo machucado, mas, com alguma dificuldade, conseguiu andar até a entrada da senzala. Ricardo viu Iana parada na porta. Ele conseguiu ler em seus lábios "Obrigado", enquanto Malik passava por ela e entrava na senzala.

Navalhada juntou seu chicote e o pendurou na cintura novamente. Os negros ainda olhavam para ele. Depois, começaram a entrar novamente. Um dos negros mais velhos fechou a porta da senzala.

Ricardo observava toda a movimentação. Ficou ali até Navalhada ir embora e deixar os negros em paz.

Iana observou de longe, com os outros escravos, o irmão se sentar no fundo da senzala, longe de todos, em um mar de vergonha e ódio.

30 Tomando posse

Setembro, 4. Tudo está pronto para a posse do novo governador da província. A grandeza da Igreja de Nossa Senhora do Carmo esperava pelo filho eleito que, a partir daquele dia, comandaria as províncias de São Paulo e Minas. Muito poder em uma única mão. E era assim que Dom Pedro de Almeida Portugal e Vasconcellos, Senhor Capitão-General, designado por Dom João V para o governo-geral da província de São Paulo e das Minas do Ouro, queria: muito poder e o que mais pudesse conquistar.

Brasil, Colônia de Portugal 1717

Foram, para a entrada da igreja, Paes Veloso e João Ferreira. Os dois queriam ver se estava tudo certo com Dom Pedro e se ele estava pronto para começarem a cerimônia de posse. Quando passaram pela porta dupla, que estava ainda fechada, encontraram o futuro governador parado, igual a uma estátua de Michelangelo, olhando para frente, à espera do início da cerimônia. Quando viu os dois, saiu de seu estado de concentração.

— O que está faltando para começar? — perguntou Dom Pedro.

— Saber se está tudo pronto aqui atrás — explicou Paes Veloso.

— Estou sempre pronto! — exclamou.

João Ferreira assentiu com a cabeça e, com Paes Veloso, voltou para o altar, pelo corredor central.

— A cadeirinha foi feita? — perguntou Paes Veloso.

— Você sabe a opinião de todos — disse João Ferreira, enquanto se dirigia para o altar.

— Mas não é a opinião do governador. Ele quer a cadeirinha para a viagem rumo às Minas — retrucou Paes Veloso.

— Ele anda muito afeito aos privilégios e costumes da corte. Isso daqui é a colônia — disse João Ferreira rispidamente.

Os dois já estavam quase chegando ao altar.

— João Ferreira, ele se acha superior a tudo e todos, só obedece ao rei — alertou Paes Veloso. — Então, se ele quer a cadeirinha, ele quer. E não há o que se discutir.

— Tudo bem, vou providenciar — concordou João Ferreira.

Os dois fizeram sinal para que pudessem começar a cerimônia.

Parecia um monarca quando as portas duplas de madeira da igreja se abriram. Elas revelavam não só Dom Pedro acompanhado de quatro oficiais da Câmara, dois à frente e dois atrás, debaixo de um pálio de tafetá carmesim, mas também uma igreja cheia de nobres e pessoas que vieram povoar a província e assistir à posse de seu soberano. Todos olharam ao mesmo tempo para verem seu novo governador. Algumas caras duras, outras esboçavam um sorriso de boas-vindas.

Na cabeça de Dom Pedro de Almeida, passavam mil planos, todos os seus desejos e o que pretendia fazer, uma vez que estaria com o controle total das terras que a Coroa destinou a seu comando. Iria extirpar a corja de Jesuítas que roubavam o ouro do império português e quem mais o fizesse. O que é de César seja dado a César, e o que é da Coroa Portuguesa seja dado à Coroa e a mais ninguém.

De repente a música começou. Um coro de vozes masculinas entoavam o hino português. Era a forma que a Coroa tinha de manifestar, em terras coloniais, seu poderio. Dom Pedro de Almeida se regozijava ao escutar os acordes do hino de sua pátria querida. A igreja inteira começou a cantar junto com o coro. O cortejo, com Dom Pedro, adentrou a nave central em direção ao altar. E, sob o olhar de Nossa Senhora do Carmo, estava o governador e toda a sua comitiva. Bola de Sebo olhava tudo atentamente. Seu olhar aguçado observava tudo o que acontecia nos bastidores e a reação das pessoas. Viu que três homens, incluindo um do clero, conversavam entre si. Dois deles Bola de Sebo nunca tinha visto nem sabia quem eram, mas um deles com certeza já tinha visto em sua rápida passagem pelo Rio de Janeiro; era Dom Martiniano, o bispo daquela diocese. Seu faro para histórias só perdia para o faro por encontrar comida. E sentia que os três tramavam algo.

Quando a música cessou, uma profusão de palmas estourou dentro da igreja. Dom Pedro de Almeida esperava ansioso pelo ponto alto da noite: sua posse. Queria tomar posse de todo o poder que pudesse ter. As palmas duraram até que o novo governador se sentou em um trono preparado para ele no meio do altar. Em volta, autoridades eclesiásticas e da coroa testemunhavam o momento.

Domingos Silva, o secretário do governador, subiu no púlpito e começou a ler a carta Patente, que dava plenos poderes a Dom Pedro de Almeida Portugal e Vasconcellos.

—Estão tentando copiar as coroações dos nossos monarcas — sussurrou Basílio.

—Shiiii! — fez uma senhora da nobreza que estava presente e queria escutar o que estava sendo dito pelo secretário.

O secretário já estava quase terminando de ler a carta Patente.

—Pelos poderes concedidos a Dom João V, El-Rei de Portugal e de suas colônias, nomeio Dom Pedro de Almeida Portugal e Vasconcellos Comendador da Ordem de São Cosmo e São Damião do Azere, da Ordem de Cristo do Conselho de Sua Majestade, Sargento-Mor de Batalha de seus Exércitos e Governador-General da Capitania de São Paulo e Minas do Ouro — concluiu Domingos Silva.

A assembleia, que assistia, batia palmas pela nomeação de Dom Pedro como o novo governador da capitania. Ele se aproximou do centro do altar, olhou para todos que estavam presentes, esperou as palmas cessarem E, ainda com um burburinho, disse:

— Não há nada que eu não possa saber. Não há nada que meus olhos não possam ver.

A igreja se aquietou.

— Eu sou Dom Pedro de Almeida Portugal e Vasconcellos, Senhor Capitão-General, terceiro conde de Assumar, designado pelo Rei de Portugal para o governo-

-geral da província de São Paulo e das Minas do Ouro — disse o pomposo governador.

E, logo que terminou, uma salva de palmas preencheu todo o silêncio que reinava na Igreja de Nossa Senhora do Carmo. Dom Martiniano e o Capitão Fialho tinham um sorriso amarelo enquanto batiam palmas para saudar o novo governador. José Correia Leite estava perto deles e batia palmas quase sem vontade. Não expressava nenhum sentimento, talvez o desprezo.

Dom Pedro de Almeida era agora governador.

O poder estava em suas mãos.

31 Debaixo da Tapeçaria

O frio começava a dar lugar a dias mais ensolarados.

Era o fim do inverno. Era o fim de agosto.

A luz do sol da manhã iluminava e dava destaque à fumaça da água quente subindo pelo coador. O cheirinho de café fresco invadia toda a cozinha. Iana tirava do forno do fogão a lenha uma broa de milho, que tinha um cheiro divino.

— As flores logo brotarão nos jardins — disse, enquanto passava o café. — Os ipês amarelos pintarão os morros em volta do casarão.

— O amarelo com o verde parece combinar muito bem com esta terra — disse Iana, enquanto colocava a broa amarelinha sobre a mesa de madeira.

— Minha filha, pode deixar agora comigo que dou conta de servir o café — sugeriu Chica já passando o café para o bule. — Enquanto os patrões fazem o desjejum, você poderia limpar o escritório?

— Não podemos trocar? Eu sirvo o café, e você limpa o escritório — sugeriu Iana.

— Por quê?

— Não gosto do jeito que ele me olha quando estou limpando a sala dele.

— Iana, aqui nesta casa nós não temos querer. Limpe o escritório. A velha Chica não aguenta mais abaixar.

Iana ficou com pena de Chica e entendeu o recado.

— Está bem.

Iana passou pela sala de jantar e foi direto para o escritório. Quando chegou lá, começou a limpar a estante, mas viu que no chão tinha mais poeira. Tirou alguns móveis do lugar. Mexeu primeiro em uma cadeira, depois veio para a mesa. Quando levantou a tapeçaria encontrou uma tábua do assoalho solta. Pensou em avisar Chica da tábua, mas foi surpreendida.

— Perdeu alguma coisa aí? — disse Sebastião.

— Não, meu senhor.

— A Chica já não te ensinou que na minha mesa não é para mexer?

— Sim, mas estava limpando a tapeçaria.

— Não tem necessidade.

Ele sabia muito bem que ela estava em cima de sua arca com o caderno. E ela não era burra, poderia ligar uma coisa à outra: um caderno escondido debaixo do assoalho, em uma arca, algum segredo ele possuiria.

— Bem, não é para você ficar mexendo no meu escritório — disse ele se aproximando dela. — Não quero mais você limpando aqui.

Sebastião de Sá segurou pelo braço da escrava e a conduziu para fora do escritório.

— Quero que a Chica faça a limpeza aqui. Avise a ela.

Iana voltou para a cozinha, mas no caminho sua cabeça não parava de pensar no que tinha acontecido.

Do lado de fora do escritório, existia uma grande figueira que fazia sombra a casa e escondia algo, ou melhor, alguém. Malik tinha conseguido despistar Navalhada e subido, logo cedo, nos galhos mais altos para observar a movimentação dentro do escritório. Tinha visto que, antes de Iana chegar para limpar, Sebastião havia passado por lá e deixado algumas anotações em cima de sua mesa, feito o sinal da cruz diante do São Pedro, na estante, e saído. Um tempo depois, viu sua irmã aparecer para limpar e que Sebastião ficou só e fechou a porta, para que ninguém o incomodasse.

Malik viu que Sebastião, ao pegar a chave dentro da imagem de São Pedro, sumiu de sua vista, quando se agachou no chão do escritório. O escravo subiu um pouco mais na árvore, para ver se conseguia ver mais; seus olhos alcançaram o patrão conferindo algo no chão. Não demorou muito a se levantar novamente, colocar a chave, que pegou nas costas de São Pedro, e sair do escritório. Malik tinha visto perfeitamente onde estava a chave que guardava o caderno. Tinha a certeza de que agora poderia seguir com seu plano de roubar o tão sonhado caderno e assim se ver livre. Só precisaria esperar o momento certo.

Observou se não havia ninguém por perto e desceu da árvore. Foi para as minas antes que Navalhada desse conta de que ele não estava entre os escravos.

O dia foi longo para ele; trabalhou sem parar. Sua cabeça ficou maquinando como poderia conseguir entrar na casa sem ser visto. Havia escutado, mais cedo, dois escravos dizendo que o senhorzinho Ricardo ia traçar um caminho novo para o ouro. Sem despertar a curiosidade dos negros, Malik descobriu com eles que os três: Ricardo, Sebastião e Navalhada sairiam no dia seguinte, bem cedo, para verem alguns pontos para o início do caminho e só voltariam no final do dia.

Era a chance que Malik precisava. Sabia que teria tempo suficiente para conseguir pegar o caderno. Trabalhou até o final do dia pensando no plano para entrar no casarão. Estava mais cansado mentalmente de tanto planejar do que do trabalho braçal que desempenhou o dia inteiro. Quando o sol se pôs e a lua ficou no alto, entrando pela fresta do respiradouro da senzala, Malik ainda pensava em seu plano. Não conseguia pregar o olho. Do seu lado, Iana dormia o sono dos anjos, sem imaginar o que seu irmão estava planejando. Pelo cansaço, Malik adormeceu sem perceber.

32 A espreita

Logo cedo, nas primeiras horas da manhã, Sebastião de Sá e Ricardo saíram pela entrada principal do grande casarão. Pareciam animados quando chegaram à escadaria. Sebastião foi logo colocando seu chapéu na cabeça, pois o sol já castigava, apesar de ainda estar cedo.

Os dois pegaram os cavalos selados, que estavam abaixo da escada, e começaram a descer a colina. Ricardo estava empolgado, iria apresentar ao pai suas ideias para melhorias no escoamento do ouro e o que deveria ser feito para que uma rota alternativa, e menos perigosa, fosse empregada.

—Espero em breve ter o traçado total da rota, meu pai.

—Também espero por isso. Precisamos de uma rota segura e menos perigosa — disse Sebastião, sem demonstrar toda a sua intenção com a nova rota.

—Poderemos enviar as cartas de um novo caminho para a Estrada Real ainda no próximo mês. Sei que, em outubro, parte uma nau para Portugal; podemos enviar as novidades por ela.

— Não — disse Sebastião imediatamente. — Ainda é muito cedo para avisarmos a coroa. No momento certo faremos isso juntos meu filho, e pessoalmente.

— Se o senhor prefere assim, que seja, meu pai.

Continuaram a descer e, logo, encontraram Navalhada, que os esperava no sopé da colina para seguirem na empreitada que fariam naquele sábado de céu limpo.

Malik observava tudo do alto da árvore, que ficava na frente do casarão. Esperava cautelosamente, como um leão espera o melhor momento para atacar sua presa; tudo para que seu plano pudesse dar certo e conseguisse, sem problema algum, roubar o caderno que o Rato tanto queria e que daria sua liberdade tão desejada. O africano viu que Navalhada, Sebastião de Sá e Ricardo já estavam longe, já quase sumindo da visão. Sabia que poderia entrar no casarão com mais segurança se os brancos estivessem longe o suficiente, para ele conseguir chegar até a sala de Sebastião de Sá, com tranquilidade e sem grande perigo de ser pego.

Desceu da árvore, tomando cuidado para não ser visto, e, com a mesma cautela, subiu a escada que levava à entrada principal. Era a primeira vez que passava por aquela escada. Por mais que transparecesse tranquilidade nas ações, seu coração estava agitado. Passou pelo portal como se passasse por um limiar que não tinha mais volta: ou roubava o caderno, ou seria morto pelo Bando dos Sete. Sua vida estava em jogo em qualquer uma das escolhas que tomasse.

Ao entrar na grande sala do casarão, viu que existiam dois corredores, um de cada lado. Um levava à cozinha e o outro, aos quartos e à sala que ele tanto desejava estar, o quanto antes, para poder pôr as mãos no caderno. Escutou ao longe as vozes de Chica e Iana. As duas conversavam como se tudo estivesse bem. Sabia que Iana se adaptou melhor do que ele à vida escrava, que estavam levando, desde que foram capturados no seio de sua tribo em Moçambique. Chica falava muito mais. Era uma velha muito sábia e ensinava o que seus olhos já viram sobre a vida na colônia para a jovem escrava. Malik a respeitava pelos cabelos brancos que começavam a despontar na cabeça de Chica, mas não gostava do jeito que ela tratava os brancos. Mas o que esperar de uma escrava nascida na colônia, filha de pais das primeiras levas de escravos africanos que vieram capturados pela a colônia portuguesa, que ficava além-mar? Diferente dele e de Iana, ela não tinha qualquer ligação forte com a terra natal de sua família: a África.

Nesse átimo de tempo em que todos esses pensamentos passaram por sua cabeça, pôde se certificar que as vozes estavam longe e que lá continuariam. Podia seguir com seu plano. Tomou ainda mais coragem e entrou no corredor oposto ao dos que vinham as vozes. Estava no corredor que dava na sala de Sebastião de Sá, a sala que guardava todos os segredos do branco que o explorava. Malik sabia que estava não só salvando sua vida, ameaçada pelos sete homens do bando, mas estava fazendo justiça, tirando poderio do homem que mais odiava nessa vida e fazendo-o pagar por suas maldades.

Seguiu pé ante pé. Todo cuidado se fazia necessário. Malik tentava não fazer barulho, mas seu corpo pesado e tenso faziam as tábuas do assoalho ranger um pouco. Quando viu, estava diante da porta que dava acesso à sala, que tanto desejava estar. Parecia não acreditar. Um passo separava Malik do objeto que tanto desejara e de sua liberdade. O coração parecia estar ainda mais acelerado. Tinha muita coisa em jogo, muito a perder se algo desse errado. Ele sabia o risco que estava correndo. Respirou fundo e entrou na sala. Foi quando viu com cores mais vivas e mais nitidez a imagem de São Pedro, de que havia visto Sebastião de Sá tirar a chave que abriria um mundo para Malik. A imagem de madeira observava o africano, que, por sua vez, observava-a. Com gana e querendo terminar com aquilo logo, pegou a imagem e começou a procurar pelo compartimento que escondia a chave. Logo encontrou uma pequena tampa retangular nas costas de São Pedro. Quando abriu, encontrou a chave presa a uma correntinha.

Brasil, Colônia de Portugal 1717

Pegou a chave e deixou a imagem de qualquer jeito. Viu que ela continuava olhando para o delito que ele estava cometendo. Voltou e a pôs de costas para ele.

Foi quando escutou um caminhar de botas no assoalho do corredor. Rapidamente Malik encontrou um lugar para se esconder; a cabeça estava a mil, e a adrenalina percorria cada centímetro de seu corpo. Quando viu, estava sentado atrás da mesa de madeira maciça do lado oposto da porta, de forma que quem entrasse não o viria. O suor escorria pela sua fronte. Malik pensava que estava tudo perdido, e ele, morto.

— Onde será que estou com a cabeça? — disse Ricardo pegando o mapa que tinha começado a desenhar e havia deixado para trás.

Malik segurou a respiração enquanto o senhorzinho estava na sala. Mas não precisou segurar por muito tempo. Logo Ricardo saiu correndo para não deixar os outros esperando muito. O escravo viu que novamente a sala estava vazia. Na pressa de se esconder, não percebeu que sua mão se apoiou em uma tábua solta no assoalho. O tapete no chão ajudava a esconder a tábua. Quando se levantou, percebeu que o impulso que deu com a mão, que estava apoiada na tábua, foi em vão, pois a instabilidade da tábua deixou instável seu impulso para levantar. Mas Malik descobrira que era ali que queria estar, no chão, perto do caderno. Tirou o tapete que cobria a tábua, depois a madeira, que estava solta no assoalho. Seus olhos viram então a arca de madeira trancada com um cadeado de ferro, que deveria guardar o tão desejado caderno. Malik não perdeu tempo e foi logo abrindo o cadeado e a tampa superior da arca.

Iana, do outro lado da casa, pressentiu algo e deixou o que estava fazendo. Subiu as escadas dos fundos da casa que levavam até a porta da cozinha. Deixou o lugar sem que Chica se desse conta. Adentrou o casarão pelo corredor que ligava a cozinha até a grande sala. Entrou no outro corredor e caminhou até a última porta, a porta da sala de Sebastião de Sá. Quando chegou, viu que quase tudo estava no lugar, do mesmo jeito que o patrão havia deixado, a não ser o São Pedro virado de costas, com a tampa que fechava o compartimento, onde a chave ficava escondida...

33 Solitária

Já era quase noite quando Sebastião, Ricardo e Navalhada subiram a estrada, que levava ao casarão. Avistaram a casa, iluminada pelas tochas acesas, e, lá dentro, o brilho das velas nos candelabros, que iluminavam as janelas. Elas iam ficando maiores conforme se aproximavam. Pareciam olhos a vigiar quem subisse a estrada do velho casarão. Os três não demoraram muito a chegar à frente da entrada principal.

— Deixem os cavalos, que eu mesmo os guardo — disse Navalhada.

— Dê um pouco de água a eles — sugeriu Ricardo. — Nas últimas léguas até aqui não beberam nada.

— Sim, patrão.

Navalhada puxou os três cavalos juntos. Sebastião e Ricardo subiram a escada animados. Estavam empolgados com a possibilidade de um caminho novo para o ouro. A nova rota melhoraria o escoamento de ouro para o porto de Paraty.

— O dia foi longo, e tudo o que preciso agora é de um banho e de sono.

— Não vai jantar? — Perguntou Sebastião, já entrando no corredor que levava aos quartos do casarão.

— Não tenho forças para levantar um garfo — disse Ricardo, exausto. — O senhor pode guardar as anotações e os rascunhos dos mapas no seu escritório?

— Posso. O que quer que eu guarde? — perguntou, parando na porta do quarto de Ricardo.

— Isso aqui — disse Ricardo, entregando algumas folhas e uns rolos maiores de papel, que estavam em sua bolsa de couro.

Sebastião pegou os papéis, que Ricardo deu para ele. O filho entrou em seguida no quarto e trancou a porta. O rei do ouro seguiu para seu escritório. Quando entrou, deixou as anotações em cima da mesa e, logo, iria sair, se não tivesse visto que seu São Pedro de madeira estava virado para trás. A princípio pensou que Chica pudesse ter colocado para trás em sua limpeza, mas sabia que ela não cometeria um erro como aquele. Em anos de trabalho naquela casa, ela nunca havia cometido um erro assim e, muito menos, mexido no São Pedro de seu patrão. Outra pessoa havia mexido e o deixado virado com as costas para frente.

Rapidamente, foi até a imagem oca e abriu a tampinha de madeira, que escondia a chave com suas iniciais. Ela ainda estava lá. Pôde respirar um pouco mais aliviado, mas algo em sua cabeça dizia que alguma coisa estava errada. O São Pedro de costas não estava virado para trás de forma leviana. Estava daquele jeito por que alguém o virou na pressa. Notou isso na marca da poeira. Quem mexeu nele não o pôs no lugar, simplesmente o girou no próprio eixo, deixando a marca de sua pressa na poeira acumulada na estante.

Sebastião pegou a chave e se ajoelhou ao lado de sua mesa. Levantou parte da tapeçaria e retirou as tábuas que separavam sua visão da arca, que estava abaixo do assoalho. Abriu a arca e, para sua surpresa, o caderno não estava mais lá.

Jogou as coisas de cima da mesa em um acesso de raiva. Lembrou-se de algo e, com a mesma fúria com que havia derrubado as coisas de cima da mesa, saiu do escritório. Atravessou a casa e chegou à cozinha. Chica estava sozinha, o que reforçou ainda mais sua teoria.

— Onde está aquela maldita escrava? — perguntou com ódio no olhar.

— Na senzala, meu senhor. Mas o que ela fez?

O rei do ouro nem ouviu a pergunta. Saiu pela porta da cozinha e desceu a escada que dava acesso à área atrás da cozinha. Ela ficava mais próxima da entrada da senzala.

— Que foi patrão? — perguntou Navalhada.

O feitor estava voltando do curral quando encontrou Sebastião de Sá descendo a escada.

— Aquela maldita escrava me roubou, está com o caderno.

Navalhada e Sebastião chegaram à porta da senzala e entraram.

O feitor foi direto na escrava que estava deitada cochilando. Ela acordou no susto sem entender nada. Segurou-a pelo braço. Sebastião se aproximou o mais perto que podia.

— Onde está o meu caderno? — perguntou Sebastião.

— Que caderno, meu senhor? — perguntou Iana, assustada.

— O que você roubou — falou Navalhada.

Iana olhou para os dois sem entender nada. Olhou depois para o irmão. Malik observava tudo, sabia que ela estava levando a culpa por algo que ele havia feito, mas não teve coragem de contar sobre o roubo do caderno.

Chica chegou um pouco antes e escutara Navalhada acusar Iana.

— Meu senhor, não pode ter sido ela. A menina passou o dia comigo — disse Chica.

Sebastião mexia nas coisas da escrava enquanto a escrava mais velha tentava, sem muito sucesso, tirar a culpa de Iana.

— O dia todo? — perguntou Sebastião.

— Sim, só saiu uma vez para ir no escritório, mas foi muito rápido. Nem notei sua ausência.

— Então você admite que ela foi mesmo ao escritório? — quis saber Sebastião.

— O momento em que ela foi no escritório, foi a hora que roubou o caderno. Só pode ter sido ela, meu senhor — disse o feitor, acusando-a.

Navalhada puxou Iana pelo braço e a levou até a tulha debaixo do casarão. Abriu a porta e a jogou.

Sebastião chegou pouco tempo depois.

— Vamos, pode desembuchar. Onde está o caderno?

— Eu não sei de caderno nenhum, meu senhor!

— Como não sabe, se só pode ter sido você quem roubou!

— Patrão, eu nem sei que caderno é esse... — disse ela já aos prantos. — Eu fui no escritório, porque pressenti algo. Primeiro fui na sala, depois olhei no corredor e fui até o escritório. Estava tudo vazio. Na mesma hora voltei para cozinha e lá fiquei.

— Até que resolva contar onde está o meu caderno, você não sai daqui — sentenciou Sebastião.

Navalhada se aproximou. Sacou de seu bolso a navalha com cabo de marfim e aproximou do pescoço de Iana. Ela ainda chorava. Tinha medo do que poderia acontecer. Temia por sua vida.

— Ou você me conta onde colocou o caderno ou eu corto seu pescoço, sua maldita!

Apertou a navalha no pescoço dela. Sebastião correu e puxou o braço de Navalhada.

— Você é burro? Se ela morre, nunca mais saberei onde está o caderno. Navalhada, mais do que ninguém, você sabe a importância daquele caderno, os segredos que ele guarda. Não seja idiota.

Navalhada soltou o braço com força e raiva. Depois se afastou da escrava, que ainda estava jogada no chão. Ricardo chegou à porta e viu Iana sendo acorrentada. Tomou cuidado para não ser visto.

— Deixa ela pensando aí — disse Sebastião.

Ricardo saiu e se escondeu. Viu Navalhada e Sebastião saírem da tulha e trancarem a porta. Iana ficou lá no escuro. Dali, os dois seguiram para a entrada do casarão. Ricardo via que os dois conversavam, mas não conseguia ouvir sobre o que falavam. Quando os dois sumiram da vista, saiu de onde estava escondido e seguiu para a senzala.

Os outros negros já dormiam quando Ricardo abriu a porta e encontrou Malik andando de um lado para o outro. Malik arregalou os olhos quando viu o senhorzinho parado na frente dele. Ricardo estava com cara de poucos amigos.

— Por que Iana foi trancada na tulha? — perguntou ele.

— Seu pai está acusando ela de ter roubado o caderno que ele tem.

— E que caderno é esse? — quis saber Ricardo.

Malik ficou calado. Só olhava para Ricardo.

— Anda Malik! Desembucha. Não é só você que sabe do meu segredo com Iana. Também sei de vocês dois.

— Do que adiantou pedir para ela não contar? — Malik resmungou.

— Não precisou contar. Já tinha notado o jeito que você tomava conta dela. Só que agora, ela está presa lá e não sei como ajudar. Preciso de você — apelou Ricardo. — Agora me diz: que caderno é esse?

Malik andou mais uma vez de um lado para o outro antes de começar a falar. Pensava na forma como contaria para o patrãozinho que ele tinha causado tudo aquilo.

— Patrãozinho, o senhor sabe por que esse caderno é tão cobiçado?

— Não faço a menor ideia.

— Seu pai esconde muitos segredos — disse Malik. — E um dos maiores, é esse caderno. Nele tem a localização não só das terras que a coroa cedeu para ele explorar

Brasil, Colônia de Portugal 1717

o ouro, mas também as rotas que ele faz pra escoar o ouro para o porto de Paraty.

Disso Ricardo tinha conhecimento. Era numa nova rota que estavam trabalhando a partir do caminho velho.

— E, provavelmente, o caderno guarda muitos outros segredos — completou Malik.

Ricardo escutava tudo atentamente.

— Fui eu que roubei o caderno.

Ricardo voou no pescoço de Malik.

— Como você deixou que sua irmã fosse acusada de uma coisa que não fez? Hein? — queria saber Ricardo.

— Eu fui obrigado. Senão nós dois morreríamos. Não roubei porque quis — disse Malik com dificuldade.

O outro soltou o pescoço de Malik.

— Já ouviu falar do Bando dos Sete? — perguntou Malik.

— Por alto. Sei que saqueiam carregamentos. Mas é só.

— Eles estão por aqui, e eles estiveram no casarão em várias ocasiões. E estão me ameaçando desde que chegaram aqui. Primeiro me pediram e, como não tinha conseguido o caderno, ameaçaram sequestrar minha irmã.

Ricardo ficou absorvendo toda aquela história.

— Ainda não entreguei o caderno para eles. Só escondi. Escondi longe daqui, pra que não encontrassem com a gente, caso alguém viesse procurar — confessou Malik.

Malik voltou a andar de um lado para o outro enquanto Ricardo falava.

— Você precisa me devolver esse caderno. Vou dar um jeito de colocar ele no lugar e livrar você e sua irmã do castigo e das ameaças desse bando — garantiu Ricardo.

— O senhor está ficando louco? — perguntou Malik. — Estamos lidando com gente perigosa, que não tem receio de puxar o gatilho.

— Podemos pedir proteção dos Dragões Reais.

— Senhorzinho, não vai adiantar. Como também não vai adiantar devolver o caderno. O que está feito, está feito. Esses homens encontrarão uma brecha para me matar e matar Iana. Eles vão acabar com nossas vidas.

— Eu vou ajeitar tudo. Confia em mim — disse Ricardo. — Agora vamos. Precisamos libertar Iana e encontrar o caderno. Precisa nos levar até onde você escondeu.

— Está bem. Não custa tentar.

Os dois saíram da senzala e seguiram para a tulha. Ricardo percebeu que a janela do quarto de seu pai já estava fechada e totalmente apagada. Tinha a seu favor, o fato de ter dito que iria dormir. Então Sebastião nem imaginaria que Ricardo estava fora ajudando os escravos. Os dois chegaram à porta da tulha, e Ricardo abriu com cuidado, sem fazer barulho para não chamar a atenção de Navalhada, que poderia estar de tocaia.

Brasil, Colônia de Portugal 1717

A luz invadiu a escuridão que estava no ambiente. Iana estava no canto chorosa. Quando viu Ricardo, tentou correr, mas estava presa pelas correntes. Ricardo pegou a chave pendurada numa coluna de madeira e foi abrir.

— Pensei que não fosse te ver mais — disse Iana.

— Não será assim tão fácil que vão nos separar.

Ricardo soltou as correntes, e Iana pode abraçá-lo. Depois, ela o beijou como nunca antes: o beijo dos apaixonados que ficam anos sem se ver, mas que o amor perdura e só aumenta.

Malik tinha ficado na porta vigiando. Os dois saíram e Iana encontrou com o irmão.

Quando os dois se viram, Iana deu um tapa na cara de Malik.

— Isso é pela besteira que você fez. Quase morri — disse Iana.

Depois, abraçou o irmão, e ele correspondeu a seu abraço.

Ricardo trancou a porta novamente para que, se Navalhada passasse na frente da tulha, não desconfiasse que Iana não estava mais presa.

— Precisamos trazer esse caderno de volta. Depois que estiver com a gente, eu dou um jeito pra resolver as coisas. Mas precisamos ser rápidos. Vamos.

Malik foi na frente para guiá-los.

34 Caçados

A mata começava a ficar ainda mais densa e escura. Os três desceram dos cavalos e continuaram a pé. Ricardo improvisou três tochas com pedaços de pano e galhos. Acendeu e entregou para Malik e Iana. Embrenharam-se mata a dentro. Malik estava na dianteira, guiando o grupo.

— Tem certeza de que sabe pra onde está nos levando? — perguntou Iana.

— Tenho — respondeu com firmeza.

— Meu amor, será que não estão nos seguindo? — perguntou ela.

— Acredito que não. Eles pensam que você está presa e mais ninguém sabe disso.

Os três seguiram adiante. Não era só Iana que estava incomodada com o fato de poderem estar sendo seguidos. Malik sabia que, logo, logo, o Bando dos Sete procuraria por ele. Sabia que eles estavam sempre à espreita. Sempre um passo à frente do dele. E agora, o Navalhada, o melhor dos caçadores de escravos, poderia também estar no encalço deles. Precisavam ser rápidos.

— Por que você escondeu tão longe? — perguntou Iana.

— Para de reclamar, Iana — disse Malik. — Já estamos chegando.

Malik parou e começou a rodar a tocha no ar tentando iluminar o chão. Ele procurava o lugar onde havia escondido o caderno, mas começou a se desesperar porque não conseguia encontrar a pedra que usou para demarcar.

— É impressão minha, ou você não está conseguindo achar o lugar onde escondeu o caderno? — perguntou Ricardo.

— Acho que sim. Não estou encontrando a pedra que usei pra marcar o lugar — admitiu Malik.

— Mais essa agora? Precisamos do caderno, Malik! — exclamou Iana.

— Se não encontrarmos esse caderno, estaremos perdidos — afirmou Ricardo.

— Vocês não estão ajudando em nada. Não vai ser me pressionando que vamos conseguir encontrar! — disse Malik, irritado. — Escondi de dia. Fica mais difícil agora de noite.

— O que fica mais difícil é a gente sobreviver a isso tudo. Precisa achar o caderno, Malik — disse Iana, preocupada.

Os três tinham os nervos à flor da pele. A vida de Iana estava em jogo.

— Preciso de mais luz — disse Malik.

— Aqui a luz — disse Ricardo, entregando sua tocha.

— Melhor voltarmos e amanhã procuramos, quando estiver de dia — sugeriu Malik. — Navalhada pode estar atrás de nós.

— Não, vamos encontrar esse caderno agora, Malik — disse Ricardo. — Amanhã sua irmã estará morta. Ou você acha que o Navalhada não queria fazer isso hoje?

Malik ficou encarando Ricardo por um tempo.

— Seja homem pelo menos uma vez na vida e assuma seus erros. Precisamos salvar sua irmã. Não viveria com a culpa de que a deixei morrer — disse Ricardo. — E o único jeito é encontrando esse caderno que parece que você não quer encontrar!

Malik tinha virado para o lado da irmã enquanto Ricardo falava. Mas, quando o senhorzinho parou de falar, virou e o encarou novamente.

— Não quero encontrar? — perguntou Malik com raiva. — Meu maior arrependimento foi ter cedido à ameaça que o Rato me fez e, por consequência, ter roubado o caderno para eles. Te contei o que estava acontecendo. Quero salvar minha irmã. Nunca imaginei que ela seria acusada. Vim no meio da mata, à noite, sabendo o risco de poder encontrar meu destino essa noite. E não quero encontrar o caderno, senhorzinho?

Malik deu as costas para Ricardo. O escravo saiu para procurar o caderno com as duas tochas que segurava.

— Não conseguirá acertar as coisas, Ricardo. Não conseguirá — sentenciou Malik. — O que foi quebrado, nunca mais terá a mesma forma.

— Se desistirmos agora, é que não será mesmo! E isso vai atormentar a nossa consciência. A sua, a minha. Não quer salvar a sua irmã?

Enquanto Ricardo falava, Malik procurava pela pedra. Sabia que queria salvar sua irmã, mas não seria a pressão, que Ricardo estava fazendo, que mudaria as coisas. Iana corria perigo mesmo que devolvessem o caderno para Sebastião de Sá. De repente encontrou a pedra.

— Achei! — exclamou Malik. — Iluminem aqui.

Malik passou as tochas para Ricardo. Iana iluminava onde estava a pedra. Malik ergueu e encontrou o caderno com o pano que o envolvia. Pegou-o e o pôs na bolsa de couro de Ricardo.

— Vamos, precisamos entregar o caderno.

— Boa ideia, Ricardo — disse uma voz conhecida de Malik.

Os três se viraram e viram um vulto escondido pela sombra das árvores.

— Quem é você? — perguntou Ricardo.

— É o filho da mãe do Rato — sussurrou Malik.

Rato saiu das sombras e se revelou diante deles.

— Está um pouco escuro aqui. Que tal fazermos uma fogueira? Acho que chegou a hora de termos uma conversa — disse o Rato.

Os três se entreolharam e, depois, olharam para o Rato. Sabiam que as coisas estavam se complicando mais do que imaginavam.

— Acendam! — gritou o Rato.

De repente seis tochas se acenderam em meio à mata, revelando o rosto dos integrantes do Bando dos Sete, que os cercavam.

— Bem, meu tempo é precioso. Então, que tal me entregarem o caderno e vamos todos felizes para casa. O que acham dessa ideia? Boa não?

Malik olhou para Iana e piscou, ela também piscou para ele. Depois ela olhou para Ricardo e assentiu com a cabeça. Iana sabia que o irmão daria um jeito para que pudessem sair dali. Mas isso teria um alto preço. Pressentia isso. Sabia em seu coração que tudo aquilo não acabaria bem.

O escravo deu um passo à frente com o caderno nas mãos.

— Rato, o caderno não terá serventia alguma — começou ele.

Rato prestava atenção no que Malik falava.

— Não tem nada no caderno. É só lenda. Não tem o que querem — disse Malik.

Rato desviou o olhar para os companheiros de bando. Malik, em um ato de insanidade, jogou o caderno para Ricardo e foi para cima de Rato. Ricardo pegou o embrulho de pano com o caderno.

— Fujam! — gritou Malik.

Os dois saíram correndo. Malik se jogou em Rato e os dois rolavam no chão em uma luta corpo a corpo. Uma confusão se instaurou no meio da mata. As tochas reboavam pelo ar. Iana e Ricardo corriam mais que podiam. Estavam com o caderno em mãos. Esperavam chegar aos cavalos para poderem fugir dali. Os homens pegaram seus mosquetes e pistolas e começaram a atirar no escuro. Os tiros ricocheteavam. Iana e Ricardo corriam como loucos no escuro. Finalmente, encontraram os cavalos. Iana pegou o cabresto, subiu junto com Ricardo, no mesmo cavalo, e os dois saíram a galope. O Águia tinha uma visão ótima, até mesmo no escuro. Posicionou-se e atirou. O estouro de seu mosquete iluminou seu rosto, em meio ao escuro da mata, e acertou o ombro direito de Ricardo. Ele sentiu o balaço entrar em sua pele e não sair. Mas, na adrenalina do momento, não sentiu tanta dor; foi mais como uma picada de agulha.

Malik ainda lutava com o Rato no chão. De repente, ouviram um tiro torpe, abafado pelo corpo do escravo. O líder dos sete, com muito custo, conseguiu tirar sua pistola da cintura e atirou na barriga de Malik. Quando viu que o escravo estava morto, rolou o corpo inerte de cima dele para o lado e levantou-se, limpando sua roupa das folhas e do sangue do negro.

— Já foi tarde. Não tinha mais serventia pra ninguém — disse o Rato com raiva.

Rato viu que os dois estavam bem longe do alcance deles.

— Deixem que fujam. Nós encontraremos eles — disse o Rato.

— Não irão longe. Acertei o filho do Sebastião — alertou o Águia.

O corpo de Malik estava no chão, com os olhos abertos, inerte, sem vida.

— Fiquem no encalço dos dois — ordenou o Rato.

35 Más notícias

O sol nem tinha despontado, e Sebastião de Sá já se movimentava dentro de casa. O que lhe restava agora era recuperar o caderno antes que fosse tarde demais. Quando saiu do quarto em direção à sala de jantar, pensava em como tinha sido tolo em deixar um item tão importante como aquele sozinho dentro de casa, estando um dia inteiro fora. Estava determinado. Faria Iana falar de qualquer jeito onde havia escondido o caderno dele. Chegou à sala de jantar e sentou-se na cadeira na ponta da mesa. Chica já estava pronta para servir o café. Serviu e se retirou. Não falou uma só palavra enquanto servia o patrão.

Enquanto ele tomava o café, Chica voltou com um bolo de cartas. Deixou sobre a mesa, ao lado do patrão.

— Senhor, chegou ontem de tarde — disse Chica.

Sebastião de Sá deixou o café de lado e passou carta a carta. A escrava voltou para a cozinha antes mesmo que o patrão agradecesse. No meio, uma carta do Conde de Graham e uma carta de sua esposa. Abriu primeiro a carta de sua mulher.

Existia preocupação no relato de Ana de Sousa:

"Aqui em Portugal, existe certa movimentação da Coroa. Vieram em casa investigar algumas coisas, mas consegui despistar e fazer com que fossem embora. Nomearam um novo governador para as Minas. Ouvi falar que é o filho de Dom João de Almeida, Dom Pedro de Almeida Portugal e Vasconcellos. Já ouviu falar dele aí nas terras da colônia? Pelo que fui informada, ele é impetuoso e destemido. Todo cuidado se faz necessário".

Sebastião sabia que teria de redobrar o cuidado de seus passos agora que seu caderno tinha sido roubado. Seus segredos estavam mais expostos do que nunca. Temia que suas anotações parassem em mãos erradas e chegassem às mãos de alguém ligado à Coroa. Por isso, manter o inimigo perto era a estratégia mais acertada. Pensou que, se tivesse Dom Pedro como aliado, não teria problemas. Já planejava em sua mente um jantar em seu casarão para quando resolvesse tudo e o novo governador chegasse a Vila Rica. Voltou a ler a carta. Mais abaixo, Ana tocava em outro assunto delicado. O casamento de Ricardo com a Condessa Vitória voltava à baila.

"Os Graham voltaram a me pressionar e não confiam plenamente na história que contamos sobre Ricardo voltar para cá no final de outubro. Sebastião, eles querem alguma garantia de que isso acontecerá."

Sebastião já estava enfurecido por causa do roubo, ficou ainda mais quando leu essa parte da carta de sua esposa. Não hesitou em ir acordar Ricardo. Levantou e foi até a porta do quarto do filho.

— Ricardo! — gritou Sebastião.

Nenhuma resposta, nem barulho ou movimento dentro do quarto. Bateu uma vez.

— Ricardo! — gritou novamente.

Sua irritação fez com que batesse mais forte na porta.

— Meu filho, acorda!

Sebastião bateu mais uma vez, e ela se abriu sozinha. Ele então empurrou com a mão e a abriu mais. Para sua surpresa, viu que Ricardo não tinha dormido em casa. Sua cama estava arrumada. Sebastião com mais raiva puxou a porta, fazendo-a bater com força, seguida de um estrondo. Quando estava no meio do corredor, deparou-se com Chica, que veio correndo para saber o que estava se passando.

— Onde está o Ricardo? — berrou Sebastião.

— Não sei, meu senhor — disse Chica sem entender muita coisa. — Ontem eu o vi conversando com o Malik, aquele escravo que só dá problema.

Sebastião se quedou pensativo. Tentava entender o que estava acontecendo naquele casarão.

— Hoje de manhã ele também não estava na senzala, meu senhor — completou Chica.

Ele nem esperou Chica terminar de explicar. Saiu de casa e foi atrás de Navalhada. Quando estava na entrada do casarão, deparou-se com Navalhada subindo afoito. Nem respirava direito.

— A escrava fugiu! — revelou Navalhada.
— Como? — gritou
— Não sei, patrão! — disse Navalhada atordoado.
— Ela e Malik.
— Ricardo também sumiu — contou.
— Será que levaram o senhorzinho como garantia? — perguntou o feitor ao patrão.

Sebastião continuou calado e agora pensativo. Tinha seu pensamento longe.

— Senhor! — gritou Navalhada, chamando a atenção de Sebastião.

— É muita coisa sumindo em um único dia! Preciso conter esse sangramento, já! Prepare os cavalos. Temos uma caçada a fazer — disse Sebastião, com sangue nos olhos.

Navalhada desceu a escadaria, correndo o mais rápido que suas pernas conseguiam. Do alto da escadaria, Sebastião olhava para suas terras. Sentia que todo o seu poderio escorria de suas mãos, por entre os dedos.

36 Foragidos

Os dois cavalos cruzavam, sem descanso, as trilhas no meio da mata. Em cima de cada um deles, Sebastião e Navalhada procuravam por algum sinal dos escravos. Seus olhos sagazes e ávidos por encontrar os fujões percorriam os espaços da mata. Galoparam mais um pouco e, quando viram, estavam em uma clareira.

Navalhada levantou a mão para que Sebastião parasse com seu cavalo. Os dois desceram e começaram a investigar o local. Navalhada observou que as árvores estavam machucadas com marcas de bala. Algo recente havia acontecido naquele lugar.

Navalhada, ao dar a volta em uma delas, que estava com mais marcas de tiro, encontrou o corpo de Malik no chão.

— Maldito! — disse ele levando um susto.

Malik tinha os olhos abertos e um tiro na barriga.

— Patrão!

Sebastião, que estava no outro lado da clareira, correu até Navalhada e viu o corpo do escravo estirado no chão.

— Levou um tiro — avisou Navalhada.

— Não podemos deixá-lo aqui — disse Sebastião.

— Podemos jogá-lo no Rio das Mortes. Se encontrarem, vão pensar que ele morreu afogado, fugindo. Escravos sempre estão a fugir por essas bandas de Minas — concluiu Navalhada.

— Façamos isso então! — ordenou Sebastião.

Navalhada juntou o corpo de Malik e o enrolou em uma manta, que tinha na bagagem, que seu cavalo transportava. Depois de enrolá-lo, levantou o corpo e o jogou em cima da sela do animal. Dali os dois seguiram para o leito do rio das Mortes. Navalhada seguiu a pé puxando seu cavalo.

Quando chegaram à margem do rio, Navalhada desenrolou o corpo e o jogou na água.

— Já vai tarde, desgraçado! — disse o feitor.

O corpo de Malik afundou, junto com um redemoinho, e sumiu da vista dos dois.

Dali seguiram viagem, dando prosseguimento à caçada pela escrava. Não demorariam a chegar no primeiro entreposto da Coroa, que ficava na ponte de madeira sobre o rio das Mortes.

— Essa história está cada vez mais complicada — concluiu Sebastião. — Aquela escrava além de ladra é assassina.

— Nós vamos encontrá-la e o caderno também — disse Navalhada com convicção.

— Nem pense em não encontrar, senão é o seu couro que eu vou fazer questão de tirar — disse Sebastião bruscamente.

Os dois seguiram até o entreposto da Coroa. Dois soldados dos Dragões Reais guardavam a passagem sobre a ponte. Sebastião os cumprimentou e seguiu viagem. O entreposto ia ficando ao longe.

— Eles ainda estão olhando para nós? — perguntou Navalhada.

Sebastião com cuidado, fingindo que conversava e ria de algo que Navalhada pudesse ter lhe contado, olhou para trás e viu que os dois soldados conversavam entre si.

— Não, estou conversando. Nem estão prestando atenção em nós.

— Me segue então — disse Navalhada para Sebastião.

O feitor virou o cabresto, fazendo com que seu cavalo entrasse no meio da mata. Sebastião o seguiu e não percebeu que um dos soldados saiu da guarda e montou em seu cavalo, saindo em disparada, rumo à capitania de São Paulo, seguindo viagem pela Estrada Velha.

O tempo passava e o sol já começava a riscar seus raios por entre os troncos das árvores. O entardecer na mata era de uma beleza sem igual. Sebastião e Navalhada pararam. Enquanto Navalhada estava no chão, observando uma pegada de cavalo, Sebastião do alto de seu cavalo vigiava o entorno deles.

— É dela? — Sebastião quis saber.

— Acredito que sim. Mas está funda — disse ele achando aquilo estranho — É como se o cavalo estivesse com dois no lombo.

Navalhada ainda ficou por um tempo analisando as pegadas e a trilha que haviam deixado. Tentava descobrir para que lado estavam indo. Foi quando encontrou uma folha com uma gota de sangue ainda fresco.

— Ela está ferida — revelou Navalhada, mostrando a folha com sangue.

— E se for Ricardo que estiver machucado? Ela pode estar com ele como refém! — disse Sebastião.

— É uma hipótese, patrão!

Navalhada montou em seu cavalo, e os dois continuaram seguindo pela trilha deixada..

De longe, os dois eram observados. No tronco da árvore, a mão com luva de couro se apoiava, enquanto olhos ávidos observavam os dois sumindo mata a dentro.

37 Notícias das terras de lá

As notícias corriam, e a novidade da posse do novo governador havia chegado à vila de Santo Antônio. E os boatos corriam ainda mais rapidamente que as boas notícias.

Filipe e Atanásio seguiam caminhando. Já estavam na estradinha de terra, que levava até o povoado dos pescadores. Logo que passaram a ponte de pedra sobre o riacho, avistaram Domingos e João consertando um buraco na canoa deles.

— Outro? — perguntou Filipe.

— Sim! O rio tá vazio. Tão surgindo uns bancos de areia com pedras — informou Domingos.

— Quase afundamos a canoa, tio! — falou João.

— Deve ter sido uma aventura e tanto — brincou Filipe.

Eles riram, e os dois continuaram fazendo seu trabalho. Atanásio se aproximou de Domingos, observando como ele consertava o fundo da canoa.

— Quer ajuda, tio? — perguntou Atanásio.

— Pegue aquela madeira lá — disse Domingos apontando.

Atanásio se aproximou da peça de madeira, abaixou e a pegou.

— Essa aqui? — disse mostrando a peça de madeira.

— Essa mesmo. Acho que servirá — disse Domingos.

Filipe pegou o martelo e passou para o cunhado.

— Escutei lá no Alto do Boa Vista que o novo governador vai visitar cada vila da Estrada Real — disse Filipe, com certo temor na voz.

— Será que ele vai passar por aqui? — perguntou Domingos.

— E se vier, pai? Qual o problema? — perguntou João.

— Meu filho, os tempos estão mudados. Não existe mais misericórdia nos homens que nos comandam — disse Domingos. — A escuridão está avançando rapidamente.

— Credo, pai! — disse João se benzendo.

Atanásio prestava atenção no que o tio falava. Filipe estava pensativo, e João parecia não acreditar no que seu pai estava dizendo.

— Ouvi falar que está vindo com a missão de dar jeito nas terras onde o ouro brota do chão — disse Domingos, quebrando o silêncio entre eles.

Brasil, Colônia de Portugal 1717

— Se for verdade o que dizem de lá, nós vivemos num paraíso aqui, meu cunhado — disse Filipe.

— Isso aqui não é um paraíso faz tempo! — disse Domingos categoricamente.

— Como assim não é mais um paraíso? — questionou Atanásio.

Domingos olhou para o jovem sobrinho. Por uns instantes, viu nele toda uma possibilidade de concretização de sonhos, que poderiam não se tornar uma realidade de possibilidades para toda uma vida que ele ainda teria pela frente. Mas precisava ser farol na vida de Atanásio, precisava alertá-lo dos perigos do mundo cruel, que ele passaria a conhecer com a chegada da vida adulta.

— Já viu quanta gente tem morrido por enforcamento, nestas terras, acusadas de coisas banais? Já viu? Só no último mês foram oito! — disse Domingos.

— É... o capitão Antunes não tem dó, nem piedade. Se tiver que enforcar, enforcará — disse João.

— E onde está a justiça nisso tudo? — perguntou Domingos. — Hoje se morre por causa do roubo de uma galinha.

— Isso é um absurdo! Também se morre por um pedaço de pão — disse João, indignado.

— É... Só a Mãe de Deus, compadecida de nós, para nos valer — disse Filipe, piedosamente.

Domingos se aproximou do sobrinho e pôs sua mão sobre o ombro dele, encarando-o.

— Tempos sombrios e difíceis nos aguardam — disse Domingos. — Em breve, teremos que escolher entre o que é certo e o que é fácil. Mas olhe, Atanásio, você foi bem-criado, seu pai te ensinou a ser um homem correto, justo e trabalhador. Use bem isso.

Atanásio olhava e concordava com o que o tio estava dizendo.

— Além do mais, você tem a nós, sua família, o maior dos tesouros.

38 Rio das mortes

O dia já havia amanhecido, e agora cavalgavam com mais calma, mantendo certo ritmo, para conseguirem uma distância considerável à frente do Bando dos Sete, caso precisassem corrigir o percurso da fuga. Iana guardou o caderno em uma das bolsas de couro, na sela do cavalo, e conseguiu imobilizar o braço de Ricardo, que sentia dor. O sacudir do trote do cavalo, pelo terreno irregular, fazia com que o balaço no ombro ferisse ainda mais a carne.

— Preciso tirar o balaço do meu ombro — disse Ricardo. — pode infeccionar.

— O que é isso? — perguntou Iana.

— Ter pus, ficar ruim e eu ter febre. Posso morrer se não cuidar — disse.

— Mas ainda não podemos parar. Eles podem estar atrás de nós — alertou Iana, que conduzia o cavalo.

Brasil, Colônia de Portugal 1717

Os dois continuavam sem rumo pela mata. Ricardo começou a ficar um pouco desorientado. Olhava para a copa das árvores. Via tudo girar. Lembrou o porre que tomou com Manco, no Secos e Molhados do Sabará. Lembrou que, daquela vez, tudo girava loucamente; mas, dessa vez, girava sem ao menos ter tomando um porre que justificasse a tontura. Iana viu Ricardo tombar a cabeça, parou o cavalo e deu um tapa na cara dele que o trouxe de volta.

— Oi! — falou assustado.

— Desculpa, amor — pediu por causa do tapa. — Como vamos fazer?

— Ainda não sei. Com o Bando entrando na história, tudo muda — disse Ricardo, ainda alisando o rosto para aliviar do tapa que recebeu.

— Tô preocupada com o meu irmão — falou Iana.

— Ele é esperto, meu amor! — disse Ricardo, tentando tranquilizá-la.

— Eu sei que sim, mas aqueles homens não têm alma. Matam simplesmente por diversão — disse ela com tristeza na voz.

— Não pense nisso — disse Ricardo. — Ele é esperto. Vai conseguir se safar dessa.

Mesmo com o incentivo de Ricardo, Iana permanecia triste. Algo dizia que tinha alguma coisa errada. Seu coração não se enganava. Malik não estava bem. Era a mensagem que reverberava em seu íntimo sem parar.

O cavalo seguia com eles para mata. De repente, depararam-se com a margem esquerda do rio das Mortes. Suas águas eram caudalosas e traiçoeiras. A correnteza forte poderia tragar, em segundos, quem ali caísse por acidente ou fosse jogado acidentalmente.

— O rio das Mortes — disse Ricardo.

— E agora? — Iana perguntou, à espera de uma solução.

Ricardo estava se situando novamente e conseguia identificar em que parte do rio estavam.

— Já ouvi falar da fama desse rio. Muitos já morreram em fuga e outros foram intencionalmente mortos nestas águas perigosas — disse ele.

— Meu amor, precisamos passar por ele, mas como? — disse ela, começando a demonstrar seu desespero.

— Existe um entreposto da Coroa há umas três léguas daqui. Podemos seguir até lá — sugeriu ele.

— Não! É perigoso, Ricardo! — alertou Iana. — Imagina: sou negra, conduzindo um cavalo com um branco ferido à bala na traseira. Desconfiarão disso, com certeza. Além do mais, Navalhada já alertou, provavelmente, sobre minha fuga.

— Um caminho alternativo, então — sugeriu ele.

Os dois ficaram por um tempo parados na beirada do rio. Viam que as águas deslizavam serenas, mas, volta e meia, surgiam redemoinhos traiçoeiros. Até que Iana se lembrou de algo.

— Chica me contou uma vez que o rio tinha uma parte mais rasa. Uma parte que dava para passar a pé — contou.

Ricardo tentava lembrar se essa informação estava em seus estudos.

— Sim. Sim! — disse Ricardo — Existe uma parte com acúmulo de cascalho. Boa parte da água verte por um sumidouro, e aí pouca água passa por essa parte. Podemos passar por lá.

— Isso. Vamos! — disse Iana botando o animal para andar.

Ricardo foi guiando Iana para que chegassem o quanto antes à margem direita do rio. Se assim fizessem, estariam à frente de todos que, a essa altura, estivessem atrás deles. Fosse o Bando dos Sete ou seu próprio pai com Navalhada a tira colo.

Depois de uma hora de caminhada a cavalo, o sol já estava a pino.

— Ali! Ali! — apontou Ricardo, sentindo uma leve pontada em sua ferida.

— Encontramos! Mas está tudo bem? — perguntou ela preocupada.

— Está! — mentiu.

Os dois desceram do cavalo para poderem passar no leito do rio. Era diferente do que imaginavam. Tinha muita água. Mais do que o normal. Provavelmente por que teria chovido na cabeceira do rio.

— Bem, precisamos passar — disse Iana.

— Eu vou na frente. Você segue logo atrás de mim. Puxo o cavalo e você se apoia nele — explicou Ricardo como fariam.

Iana pegou na sela do cavalo o caderno embrulhado em um pedaço de pano. Ricardo pegou o cabresto e começou a puxar o animal para dentro da água. Os dois entraram no leito do rio. A água estava na altura dos joelhos deles. Ricardo à frente, e Iana logo atrás, segurando o caderno no alto para não molhar. Foi quando observou as costas de Ricardo. Viu na camisa a mancha de sangue. Naquele momento teve a dimensão de quanto sangue ele estava perdendo.

Conforme iam avançando para o meio do rio, a altura da água mudava. Já alcançava a cintura de Ricardo e a barriga de Iana. Os dois continuavam com cautela. Iana olhava Ricardo seguindo a sua frente. Ele ia com tamanha dificuldade tentando se equilibrar enquanto ela ia atrás tentando manter o caderno a salvo sem molhar. A água estava na altura dos ombros de Iana quando estavam com mais da metade do caminho percorrido. De repente, Ricardo se desequilibrou e, por um instante, ficou quase todo submerso na água suja do rio.

Iana se desesperou em ajudar seu amado, mas tinha o caderno que não poderia molhar. Tentava a todo custo erguer o caderno com um braço e, com o outro, ajudar Ricardo a se firmar.

— Que susto! — disse ela quando conseguiu que Ricardo ficasse firme.

— Escorreguei numa pedra.

— Pelo amor de Deus, cuidado! Meu coração veio na boca!

Ricardo estava todo molhado, inclusive seu ombro. O caderno era a única coisa que permanecia seca e intacta. Até os cabelos longos e crespos de Iana estavam molhados. Faltava pouco para chegar à outra margem. Seguiram com cautela. Quando Iana subiu na margem direita do rio e puxou Ricardo e o cavalo para fora, sentiu um alívio e um sentimento de conquista em toda aquela desgraça que estavam passando. Ricardo prendeu o cavalo e depois sentou para descansar. Iana o seguiu.

— Merecemos um descanso, não?

Iana deu um beijo em Ricardo em forma de agradecimento por ele estar com ela.

— Sim! — disse ela.

Ricardo tentava arrumar a tipoia, que saiu do lugar com o escorregão na pedra no meio do rio. Iana mesmo no descanso não deixava de ficar alerta. Observava toda a extensão do rio que seus olhos alcançavam. Queria se certificar que não havia ninguém atrás deles. Quando olhou um pouco mais abaixo, na mesma margem que estavam, viu alguém deitado de costas nos cascalhos de barriga para baixo.

— Olhe lá! — apontou Iana.

— Onde? — perguntou ele.

Ricardo tentava ver o que Iana estava olhando. Ela direcionou a cabeça dele.

— Está vendo o mesmo que eu? — perguntou ela.

Ricardo conseguiu encontrar a pessoa que Iana vira deitada no chão.

— Estou! Será que não está precisando de ajuda? — perguntou ele.

— Não sei. Vamos ver — sugeriu Iana.

Os dois se levantaram para olhar.

— E se for uma emboscada? — disse Ricardo.

— Não é! Não deu tempo de chegarem até aqui — disse Iana, tranquilizando Ricardo.

Os dois seguiram até perto. Quando chegaram próximo, o coração de Iana bateu aceleradamente. Era um negro. Ricardo se aproximou. Com cuidado virou o corpo. Para surpresa dos dois, era Malik. Estava morto. Iana imediatamente virou de pavor do que vira. Abraçou Ricardo e chorou inconsolavelmente.

— Não é verdade! — disse ela soluçando. — Não pode ser meu irmão!

Iana parecia não acreditar no que seus olhos viram. Chorou por um tempo dentro do abraço de Ricardo. Mas era preciso seguir adiante.

— O que vamos fazer? Vocês enterram como nós? Queimam? — Ricardo perguntava para saber como ela queria dar um fim digno a Malik. Não sabia como era o ritual que o povo de Iana seguia para despedir-se de seus mortos. Iana, ainda chorando, disse:

— Enterramos.

— Então precisamos correr com isso.

Os dois conseguiram cavar uma cova rasa para seu irmão, bem ao lado do rio. Quando terminaram, puseram o corpo de Malik no fundo da cova. Iana pegou um punhado de terra e segurou firme em sua mão direita.

— Obrigado por não me abandonar — disse com tristeza na voz. — Malik Kalauê, da tribo dos Bantos, vá para junto de nossos pais e de nossos ancestrais e, de lá, olhe por nós!

Quando terminou de falar, soltou a terra que estava em suas mãos sobre o peito inerte de Malik. Depois, os dois cobriram de terra a cova e marcaram uma árvore grande e forte, que estava dando sombra à sepultura de Malik. Depois Ricardo, com alguma dificuldade, cobriu a cova com folhas secas para que ninguém a achasse.

— Daremos um enterro digno a seu irmão quando tudo isso acabar — disse Ricardo.

— Meu amor, esse foi o destino do Malik, desde que o Bando dos Sete procurou ele pela primeira vez. Ele sabia no que poderia resultar — disse Iana. — Só não quero terminar como ele.

— Não vou deixar, meu amor — garantiu Ricardo.

— Agora vamos! Precisamos seguir adiante.

Os dois montaram no cavalo e se embrenharam mata a dentro.

39 Primeira notificação

Da província de São Paulo, partiu um pequeno grupo composto por dois oficiais, soldados da cavalaria dos Dragões Reais. Faziam um serviço duplo. Seguiam com a cópia da Certidão de Posse, enviada a Dom Brás Baltazar da Silveira, que estava em Vila Rica, e passavam nas vilas que estavam na Estrada Real, rumo às Minas, avisando que o novo governador, Dom Pedro de Almeida Portugal, faria uma visita de inspeção.

Quando estava saindo do prédio da Câmara, o Capitão Antunes Fialho, capitão-mor da Vila de Guaratinguetá, quedou-se à espera da pequena comitiva, que surgira do lado da igreja matriz. Atravessaram o adro, passando pelo monumento dos fundadores, e seguiram até a escadaria, que antecedia a entrada do prédio de dois andares da Câmara. Quando chegaram próximo, pararam sem descer do cavalo.

— Capitão — saudou um oficial.

— Soldado! — cumprimentou o capitão.

O soldado tirou a cópia da certidão de posse de dentro de sua casaca e mostrou ao capitão. Ele abriu e viu o documento lavrado pela Coroa Portuguesa.

— Senhor, estamos a pedido de Paes Veloso, seguindo com a certidão de posse de Dom Pedro de Almeida para Vila Rica. E estamos passando para comunicar que Sua Excelência, o novo governador da capitania, escolheu pousar por uns dias na vila de Santo Antônio — disse o soldado, com toda a pompa característica dos Dragões Reais.

Antunes Fialho, sabendo da fama de Dom Pedro, não queria fazer desfeita ao novo governador, afeito às coisas de bom gosto.

— Senhor, qual mensagem devo levar a meus superiores? — insistiu o soldado.

— A vila precisa se preparar para recebê-lo — disse o outro soldado.

— Diga a seus superiores que prepararemos tudo: o Banquete e a recepção a ser prestada. Para quantas pessoas? — perguntou Capitão Fialho.

— Para oitenta pessoas — disse o soldado.

O capitão se assustou com o tamanho da comitiva que acompanhava o novo governador. Tomava conhecimento do tamanho do problema que tinha nas mãos. Parou e ficou pensando como arrumaria comida para tanta gente, em tempos de tanta escassez.

— São umas quarenta pessoas, entre oficiais e pessoas da corte que acompanham o governador — informou o soldado. — Além dos vinte cativos e vinte índios carijós.

— Está bem. Esperaremos ansiosos a chegada da grande comitiva — disse o capitão, sem tanto entusiasmo, devolvendo a certidão para o soldado.

O oficial guardou a certidão na casaca e começou a se preparar para partir.

— Precisamos seguir viagem, capitão — disse um deles.

— Dispensado, soldado — disse o capitão.

Os dois saíram cavalgando pela vila. O capitão esperou que se afastassem e entrou novamente no prédio da Câmara. Foi direto até a sala onde ficavam os mensageiros e achou um deles cochilando.

— Acorda, coruja! — gritou o capitão.

Coruja quase caiu da cadeira, onde estava cochilando. Em um pulo estava de pé. Ele era um dos mensageiros e quase não tinha muito o que fazer.

— Pois não, senhor. — disse Coruja, ainda atordoado pelo susto.

— Visite as casas mais arrumadas da vila. Se precisar de ajuda, peça para os outros te acompanharem. Veja quem poderia receber a comitiva do novo governador — disse o Capitão. Escolha bem as casas; se gostar de alguma e sentir que não querem receber, diga que nobres portugueses estão entre os que visitarão a vila.

De repente, o capitão ficou pensativo. Coruja ficou parado esperando que ele continuasse. Quando o capitão voltou de seus pensamentos, viu que Coruja continuava no mesmo lugar.

— Está esperando o quê? — perguntou o capitão.

— Já estou de saída, senhor! — disse Coruja, saindo todo atrapalhado.

Coruja saiu, e capitão Antunes ainda ficou na sala. Estava mais pensativo. Tomava dimensão do problema que acabara arrumando para si. Mas não tinha outra alternativa, senão aceitar receber a comitiva do governador.

— Esse lugar não tem estrutura pra receber uma comitiva desse tamanho — falava em voz alta seu pensamento. — Oitenta pessoas... É muita gente pra encher o bucho!

Estava tão preocupado, que nem notou a presença de um dos vereadores da Câmara entrar na sala, vendo-o ali parado, sozinho.

— Falando sozinho, capitão? — perguntou o vereador.

— Pensando alto demais, meu nobre Pereira. Pensando alto demais... — disse o capitão. — Não temos o que comer direito e agora teremos que preparar uma festa de acolhida para o novo governador.

Disse já puxando Pereira pelo ombro e saindo da sala.

— Venha! Preciso da sua ajuda.

Os dois saíram e subiram a escada rumo à sala do Capitão.

40 Dia de São Miguel

Setembro, 29. Era dia da festividade de São Miguel Arcanjo. Por isso, logo que raiou o dia, o novo governador foi para a missa. Participou atentamente. Quando o padre na pregação disse que São Miguel tinha liderado os exércitos de Deus contra as forças do mal e seus anjos as derrotara durante a guerra no céu, sentiu como se ele fosse o novo Miguel, limpando a colônia do mal, dos exércitos desordeiros, de desocupados e de ladrões.

Comungou e, ao final da missa, esperou o padre seguir para o confessionário para poder pedir perdão por seus pecados e a bênção, para que o arcanjo pudesse proteger e abençoar sua missão.

Quando o padre abriu a janelinha, que o separava de quem iria se confessar, viu que Dom Pedro já estava ajoelhado esperando.

— Ave, Maria, Puríssima — disse o padre.

— Sem pecado concebida. Abençoe-me padre porque pequei...

— Sim, meu filho. Diga seus pecados.

— Padre, tudo o que eu contar aqui, mesmo que não seja um pecado, é segredo de confissão, não é? — perguntou o governador.

O padre abaixou a cabeça do outro lado para poder ver melhor Dom Pedro pela fresta da grade de madeira, que os separavam.

— Sim, e esse segredo morrerá comigo — disse o padre.

Dom Pedro contou sobre seu sonho recorrente. O sonho que andava tendo desde que aceitou ser governador da capitania.

— Padre, ninguém pode saber disso. Ninguém!

— É segredo de confissão, filho! — disse o sacerdote.

— Não quero demonstrar fraqueza perante o povo — admitiu ele.

— Reze diante da Virgem Maria e peça a São Miguel Arcanjo que o proteja dos embustes do mal. Eles hão de conduzi-lo — orientou o padre. — Infelizmente, não sou como José do Egito, que sabia tão bem decifrar os sonhos. Não sei o que seu sonho quer dizer.

Do lado de fora do confessionário, nos bancos da igreja, à espera de Dom Pedro, estavam Bola de Sebo e padre Basílio.

— Eu nem fiz o desjejum — disse Bola.

— Daqui a pouco, você mata a sua fome.

— Precisa mesmo se confessar todos os dias? Ontem ele veio aqui se confessar. Parece uma obsessão isso. Por que ele não se confessa com você lá no palácio, tomando café da manhã? — perguntou Bola de Sebo, um pouco irritado pela fome que sentia.

Padre Basílio apreciava os santos entalhados em madeiras, que pareciam verdadeiras obras de arte. Virou para Bola de Sebo, que estava sentado a seu lado, e sussurrou.

— Ele odeia os Jesuítas. Não percebeu?

Bola de Sebo não teve tempo de responder. Dom Pedro havia saído do confessionário e estava caminhando na direção da imagem de Nossa Senhora. Ao chegar diante do altar, ajoelhou-se e se pôs a rezar.

— Ai meu Deus! Agora que morro de fome — disse Bola ao ver o chefe ajoelhado na frente do altar.

— Bem, vou tratar de voltar à catequese com os carijós — disse Basílio.

— Eu não vou esperar mais. Vou voltar e atacar a cozinha do Palácio. Forrar o estômago antes do desjejum — falou Bola de Sebo.

— Como anda conseguindo comida fácil?

— Tô subornando o cozinheiro. Consigo frutas, um pouco de carne e vinho. Aliás, o vinho tem sido providencial nos dias que não acontece nada. Ajuda a inspiração, ou a falta dela. Deixa o diário até mais interessante — admitiu Bola de Sebo.

Nem tinham saído, e Dom Pedro já estava levantando para ir embora. Bola de Sebo e Basílio trataram de sair da igreja, antes que o governador os alcançasse junto com os quatro Dragões Reais que faziam a segurança dele.

41 Ora pro nobis

Os dois já estavam há quatro dias andando, sem rumo, pela mata. Iana continuava conduzindo. Só que agora ela puxava o cavalo, com Ricardo em cima, debilitado, mais pálido que o normal, dormindo tombado sobre a crina do cavalo.

Brasil, Colônia de Portugal 1717

Iana ainda não havia conseguido tirar o balaço do seu ombro. Os dois tinham medo de que, parando, sem um local seguro para se protegerem, poderiam ser facilmente pegos. Por isso, seguiram caminhando. A passos lentos, avançavam. Todos estavam exaustos; até que o cavalo apresentou sinais de desgaste e cansaço. Ela parou de caminhar, por um segundo, para ver como Ricardo estava.

— Preciso arrumar alguma coisa para te dar de comer — falava sozinha, enquanto procurava algo na bagagem.

O barulho de um galho quebrando alertou Iana. Sentiu que não estava tão sozinha quanto imaginava. Olhou com cautela para todos os lados. Ninguém. Não perdeu mais tempo. Puxou o cabresto e saiu à procura de um lugar para se esconder com Ricardo e o cavalo. Estavam perto de um penhasco, um pouco íngreme, mas possível de ser descido. Viu que na base tinha uma abertura para uma espécie de caverna. Pensou ser o lugar perfeito para se esconder. Caberiam ela e Ricardo e, ainda, conseguiria esconder o cavalo também. Desceu o penhasco, sempre olhando para trás e para os lados e certificando-se de que ninguém os observava. Conseguiu finalmente alcançar a entrada da caverna. Era perfeita para se esconderem. Entrou com o cavalo, carregando Ricardo. Encontrou uma pedra para amarrar o animal. Somente depois disso, tirou, com muito custo, Ricardo de cima do cavalo e o deitou no chão, em um espaço improvisado com a manta que tinha em uma das bolsas de couro da sela e que estavam usando como cama desde que fugiram de Vila Rica.

O lugar era úmido e fresco. Logo refrescaria um pouco o calor que sentia, em parte por estar quente e em parte pelo esforço que teve de fazer para tirar Ricardo do cavalo. A única coisa que desejava era sua liberdade de volta, um banho de rio e roupas limpas. Ricardo acordou assustado.

— Onde estamos? — perguntou ainda meio zonzo.

Iana, que mexia nas bolsas da sela do cavalo, deixou o que fazia e se aproximou, abaixando-se perto dele.

— Estamos numa caverna. Acabamos de chegar aqui. Acho que servirá de abrigo até você melhorar — explicou Iana.

— Você precisa tirar o balaço do meu ombro, senão não vou melhorar — disse ele.

— Mas eu não sei fazer isso.

— Mas terá de fazer antes que eu apague de vez e não possa te ajudar. Sinto que estou perdendo sangue ainda.

Ricardo tentou virar para ver, mas sentiu uma forte fisgada.

— Não tem nada na bagagem do cavalo que ajude? Precisamos só de uma bebida pra esterilizar.

— Tem cachaça.

— Serve!

Iana foi até o cavalo e pegou um cantil de couro, com cachaça, e encontrou o canivete. Era o cavalo do Maré Alta. Tinha algumas coisas eficazes em sua bagagem. Parecia que trocava a água pela águardente, então tinha um cantil grande com muita cachaça. Ao voltar, Iana abriu a camisa de Ricardo e viu que em volta da ferida da bala tinha uma espécie de pus. Estava começando a infeccionar.

— Muito ruim? — perguntou Ricardo.

— Vai ficar uma cicatriz — disse ela, querendo amenizar a gravidade do problema.

— Esterilize o canivete com um pouco de cachaça, depois no machucado — explicou.

Assim Iana fez. Virou-o de costas e, quando estava prestes a enfiar a ponta do canivete na ferida, para tirar o balaço, Ricardo tomou o cantil das mãos dela. Iana olhou assustada para ele.

— Ameniza a dor — disse Ricardo.

Ela continuou depois que ele tomou um bom gole de cachaça. Enfiou a ponta do canivete. Mesmo tendo tomado a cachaça, Ricardo sentia uma dor lancinante. Contorcia-se todo e para todos os lados.

— Sossega! Desse jeito não consigo! — disse ela, chamando a atenção dele.

A lâmina já estava toda ensanguentada. Com muito custo e dor, conseguiu tirar o balaço de dentro do ombro de Ricardo.

— Agora jogue mais! — disse Ricardo entregando o cantil.

Iana lavou a ferida com cachaça e tentou tirar o máximo de pus que tinha se acumulado na ferida.

— Precisamos fechar — disse ele.

— Não tem com o que fechar. Vou cobrir com alguma coisa para não entrar bicho ou sujeira.

Ela procurou, em meio às coisas que estavam à disposição, se havia algo que pudesse cobrir a ferida. Encontrou uns pedaços de pano rasgado. Improvisou com eles um curativo.

— Vamos torcer para melhorar. Agora descanse — disse, virando Ricardo de frente. — Vou ver se consigo achar Ora pro Nobis pra gente se alimentar. Vi uns ramos quando estava descendo para cá.

— Precisamos! Estamos há dias sem comer direito — falou ele quase adormecendo.

Antes que Iana saísse à procura de Ora Pro Nobis, ele adormeceu.

Longe dali, Sebastião e Navalhada continuavam a procurar a escrava. Seguiam cortando a mata. Apesar de ser um exímio caçador de escravos, Navalhada tinha perdido a trilha quando passaram o rio das Mortes, mas algo lhe dizia que estava no encalço dela. Era só questão de sorte e tempo para que a encontrassem.

— Pra uma escrava, até que ela está se virando muito bem — disse Sebastião, quebrando o silêncio entre os dois.

— Não existe mais o rastro dela. E se o patrãozinho estiver com ela, e não sequestrado por ela? O patrão já parou para pensar nessa possibilidade? — perguntou Navalhada.

— É o meu filho, Navalhada! Não faria uma coisa dessas comigo — disse Sebastião, estranhando o que seu feitor havia sugerido — Me trair...

— Existe sempre uma primeira vez — sugeriu o caçador.

Sebastião olhou para Navalhada com uma cara de reprovação. Os dois passaram na estrada muito acima da caverna onde estavam Iana e Ricardo. Os dois nem imaginavam que abaixo deles estavam quem eles tanto procuravam.

42 Viagem de inspeção

Outubro, 2. A comitiva estava de volta à estrada e caminhando, dessa vez, rumo às Minas do Ouro. Dom Pedro de Almeida, agora oficialmente desde 4 de setembro Governador da Província de São Paulo e das Minas do Ouro, marchava parando de vila em vila, apesar de sua pressa em chegar às Minas. Queria também conhecer as regiões que faziam parte de sua capitania, por isso ia parando em cada vila que estava em seu caminho.

Dom Pedro veio dentro da liteira, carregado por oito escravos: quatro deles seguravam os braços da cadeirinha, enquanto outros quatro descansavam, para mais adiante trocarem de lugar; tudo por causa da indisposição do governador após a ceia que fizeram na noite anterior na Vila de Mogi. Ele abriu as cortinas da entrada da liteira e pôs a cabeça para fora.

—Alguém pode me trazer água? — perguntou o governador, gritando.

Bola de Sebo se apressou em trazer um cantil de couro com água limpa para saciar a sede do governador.

—Aqui está, meu senhor.

Dom Pedro bebeu quase toda a água do cantil, tanto que escorreu um pouco pelos cantos de sua boca.

—Sabe se Paes Veloso e João Ferreira estão preparando nossa chegada à próxima vila? — em seguida passou a manga de sua camisa na boca, secando a água que molhou seu rosto.

—Partiram ontem enquanto estávamos na ceia.

—Nem me lembre dessa maldita ceia. Por causa dela estou aqui nesta liteira indisposto.

—E os negros não gostando nenhum pouco dessa indisposição — pensou Bola de Sebo, balbuciando.

—O que disse?

Bola de Sebo não tinha percebido, mas havia pensado um pouco alto demais.

—Que o senhor melhore logo dessa indisposição — tentou disfarçar. — Ainda hoje chegaremos à Vila de Iacarahy. Se desejar mais alguma coisa, estarei logo atrás da liteira do senhor.

—Basta, por hora — encerrou a conversa, fechando as cortinas da entrada da liteira.

Os negros continuaram se revezando e caminhando para a próxima vila.

É claro que conhecer região por região de sua capitania dependeria muito das condições e necessidade de cada uma das Vilas pelas quais passaria, e sua caminhada, do bom e do mau tempo. A viagem de inspeção do governador seguia.

Quem não estava gostando nada da aventura era o padre Basílio. A pele branca dele era castigada pelo sol quente da colônia. Acostumado às facilidades dos castelos europeus, aquele inferno no fim do mundo de uma colônia portuguesa não parecia em nada com sua vida.

—Não adianta ficar com a cara emburrada — disse Bola de Sebo, aproximando-se.

— Onde eu estava com a cabeça quando aceitei o pedido do meu superior?

— Você sofrendo com o calor e os mosquitos, e eu com a fome. Não sei como lidar com esse cardápio à base de macaco e içá, que andam nos servindo.

— Içá? — perguntou o padre com nojo — Aquilo preto na farofa que nos serviram era içá? Meu Deus!

— Calma padre! É só uma iguaria da terra.

Padre Basílio ficou com uma cara de nojo. Sentia vontade de vomitar. O cronista continuou caminhando ao lado do padre, mas o silêncio voltou a reinar. Ouvia-se apenas o cavalgar dos cavalos e burros e o passo dos escravos e índios amassando o barro da estrada. Na noite anterior, havia chovido muito. E o caminho era barro puro. Não tardou muito e o silêncio foi quebrado, desta vez, pelo ronco do estômago do Bola de Sebo, que, novamente, doía de fome.

43 As cartas

Na noite anterior, comeram o Ora Pro Nobis que Iana conseguiu. Seria o alimento deles pelos próximos dias. Não era o ideal, ainda mais com Ricardo no estado em que estava, mas era o que tinha. Ele comeu, dormiu e não apresentou nenhuma melhora depois de ter o balaço retirado do ombro. Continuava pálido e fraco. Andava tão sonolento, que nem Iana conseguia mantê-lo acordado mais. Desde então, velava seu sono alternando com as horas de vigia na entrada da caverna. Não queria ser surpreendida com surpresas desagradáveis.

Passou um longo período vigiando a entrada da caverna. Quando voltou para seu interior, estava entediada e, ao mesmo tempo, curiosa. Queria saber os segredos que o caderno escondia. Foi até a sela do cavalo e pegou o caderno escondido em uma bolsa de couro. Sentou-se ao lado de Ricardo e abriu o caderno. Viu as anotações com a letra de Sebastião de Sá. Depois olhou alguns mapas com símbolos da Coroa Portuguesa. Sabia que eram de Portugal, porque já havia visto aqueles símbolos em outros lugares durante sua jornada da África para a colônia portuguesa.

Entretanto o que lhe começou a chamar a atenção foram as cartas que encontrou dentro do caderno. Estavam escondidas. Descobriu-as quando duas delas escapuliram e caíram em seu colo.

Iana deixou o caderno e abriu uma das cartas.

"...precisas ter mais cuidado. A Coroa não dorme em serviço. Dom Brás Baltazar pode fazer vista grossa a seus negócios, Sebastião. Mas El-Rei está de olhos bem abertos..."

A carta, que Iana pegou primeiro, falava sobre o contrabando que Sebastião de Sá, da colônia, comandava, e sobre Ana Sousa e Sá que ajudava com a venda do ouro no velho mundo. A escrava sabia que o contrabando era um crime contra a Coroa e que, se pego, o destino era a morte. Abriu a outra carta que falava sobre a "Capela", o local secreto onde o ouro contrabandeado ficava escondido e que depois era embarcado em uma fragata, que levaria os santos com o metal precioso para Portugal. Tudo sem que a Coroa Portuguesa soubesse.

— Então é assim que ele rouba o ouro! — disse ela com um ar de surpresa.

Continuou lendo a carta até chegar a uma parte que era ao mesmo tempo muito importante e enigmática. Mas não conseguia decifrar.

"Se acontecer algo comigo, use o mapa escondido no interior do caderno. O segredo está no fogo."

Iana ficou se perguntando o que aquilo queria dizer. Que segredo era esse que estava no fogo? Tinha folheado o caderno de ponta a ponta e a única coisa que encontrou foram duas páginas centrais em branco e mais cartas. Iana pensava se o mapa não estaria escondido no envelope de uma das cartas. Continuou a procurar. Do seu lado, Ricardo dormia, sereno. Encontrou mais cartas. Ficou abrindo para ver se encontrava mais alguma pista, mas não tinha nada. Só notícias e esquemas de contrabando do ouro para Portugal. Até que encontrou uma carta que fez seu rosto se entristecer.

"Meu amado Sebastião, o nosso filho foi para o Brasil. Estará chegando no início do mês, isso se já não tiver chegado. Saiu daqui fugido para não cumprir a promessa de casamento com a Condessa Vitória e os Graham..."

— Casamento? — perguntou para si.

Voltou a ler a carta. Queria saber tudo, todos os detalhes que pudesse saber.

Brasil, Colônia de Portugal 1717

"Tive de conter os ânimos dos Graham quando souberam que Ricardo tinha se enfiado na primeira nau que encontrou indo para o Brasil. Queriam mandar alguém atrás dele, inclusive a noiva estava disposta a enfrentar uma viagem pelo Atlântico para tentar convencê-lo de se casar com ela. Pelo que sei, a condessa vive a base de chás, calmantes e medicinas naturais..."

Iana parou de ler e olhou para Ricardo dormindo, imóvel.

— Você tem uma noiva? — perguntou, mesmo sabendo que ele não responderia.

Ela começou a chorar. O cavalo até percebeu o choro dela. Iana queria bater em Ricardo de tanta raiva que sentia naquele momento. Chegou até a levantar os braços para dar um murro no peito dele, mas desistiu quando ele de repente se mexeu. Estava delirando.

— Me tira daqui... — falava com a voz sofrida e arrastada. — Meu amor... Me salva, Iana!

Iana enxugou suas lágrimas e juntou suas coisas. Ricardo delirava no chão da caverna. Era a febre aumentando. Iana, em um ritmo acelerado, continuava a arrumar suas coisas. Juntou as cartas e fechou o caderno com capa de couro e um cordão que o mantinha fechado, sem que nada escapasse. Colocou-o de volta na bolsa de couro na bagagem do cavalo. Juntou todas as suas forças para colocar Ricardo no lombo do animal. Logo saíram. Quando alcançou a entrada da caverna, viu ao longe o vale. Sabia agora para onde deveria seguir. Se ficasse ali, Ricardo morreria, e ela não poderia deixar que isso acontecesse. Tinha de salvar o amor de sua vida, mesmo sabendo que ele tinha uma noiva em Portugal.

44 Mais água no feijão

O sol já se punha atrás da Mantiqueira, colorindo o céu em tons infinitos de um laranja quente e acolhedor, que só se encontrava naquele pedacinho de chão.

No quintal, Filipe e Atanásio consertavam a rede, que possuía umas partes rasgadas. Precisava de reparos. João estava com a enxada, rasgando o chão na base de um pé de mandioca.

Silvana saiu de casa e se aproximou do filho.

— Encontrou alguma que preste? — perguntou Silvana.

— Ainda não, mãe. A maioria estragada — respondeu João.

Silvana voltou para perto do fogão a lenha, que ficava atrás da choupana.

— E seu pai que não chega — disse ela reclamando. — Faz um tempão que ele saiu atrás de favas de feijão.

— Não se preocupe minha irmã. Já que ele chega — disse Filipe. A comida tá escassa. Provavelmente, não encontrou as favas aqui perto...

Brasil, Colônia de Portugal 1717

— Nem indo pescar mais acima no rio tem dado jeito de encontrar peixe.

— Vocês precisam ter é cuidado naquelas águas pra cima do porto do Zé Correia — disse Silvana. — São traiçoeiras.

Filipe se aproximou do filho.

— Ela diz isso porque seu avô morreu lá — sussurrou Filipe.

— É preciso ter cuidado, viu Filipe — alertou.

— Sim, minha irmã. Mas nós temos cuidado. O que não podemos é passar fome. Se não do mesmo jeito morreremos.

Domingos finalmente apareceu com um cesto com favas de feijão. Foi até a esposa, entregou o cesto e depois deu um beijo em seu rosto.

— Silvana, tá cada vez mais difícil arrumar fava. O sol está castigando o que consegue crescer — disse Domingos.

— Já estava ficando preocupada. Estava anoitecendo e você no meio desse mato.

— Até parece, mulher. Conheço essas terras como a palma da minha mão calejada do trabalho — disse Domingos tirando seu chapéu.

Ele foi para perto de Filipe e Atanásio e começou a ajudar no conserto da rede.

— Sua tia inventa cada uma às vezes... — disse Domingos quase sussurrando para Atanásio.

— Eu escutei, Domingos. Eu escutei! — disse Silvana.

— Também te amo, minha esposa — admitiu Domingos.

— Ah! Me esqueci que, mesmo se você perdesse o caminho, encontraria o rumo de casa só pelo cheiro do meu feijão — disse Silvana.

— Isso é verdade! — concordou Domingos.

Todos riram, inclusive Silvana. Apesar das dificuldades, o que não se perdia era a alegria. Silvana, como uma matriarca, cuidava de todos, até de seu sobrinho. Filipe tinha ficado viúvo e nunca mais se casara. Criava sozinho seu filho Atanásio. Então Silvana cuidava dele com o mesmo amor de mãe que cuidava de João.

— Ainda bem que chegou com as favas a tempo. Vou ver se consigo cozinhar para a janta — disse Silvana, juntando o cesto de favas para lavar antes de cozinhar. — João, larga essa enxada. Deixa a mandioca pra amanhã. Hoje teremos feijão!

As primeiras estrelas começavam a despontar cintilando no céu. No povoado, as tochas começavam a ser acesas pelos moradores. Os homens conversavam sentados em um banco de madeira nos fundos da casa, perto de onde Silvana cozinhava o jantar. O cheiro gostoso do feijão fazia aumentar ainda mais a fome de todos. Até que Silvana se aproximou deles.

— Meu irmão, fica para o jantar? — perguntou ela.

— Cê acha que eu tô aqui enrolando por quê? — disse Filipe em tom de brincadeira.

Riram. Mesmo na desgraça, mesmo com o aperto e a escassez, eram felizes, porque eram tementes a Deus e tinham Nossa Senhora da Conceição como protetora. Por isso, tudo haveria de ficar bem.

— Venham! — Silvana os chamou.

Começaram a se levantar, conversando animadamente, quando o mato, atrás da choupana, começou a se mexer e a fazer um barulho que, conforme passava o tempo, ficava mais alto. Alguma coisa que não sabia ainda dizer o que era. Vinha na direção deles.

— É bicho, pai? — perguntou Atanásio.

Filipe abraçou seu filho para protegê-lo. O barulho aumentou. Olhavam, mas não conseguiam identificar ainda. Até que diante deles surgiu uma mulher negra, bonita, de cabelos longos e crespos, que estava visivelmente exausta. Atrás dela um cavalo com um homem branco e de barba grande, deitado sobre o lombo do animal.

— Socorro! — gritou Iana.

Ao falar, desabou no chão, sem forças, desmaiada.

45 Confabulações

As tochas já iluminavam o entorno da Câmara quando a carruagem chegou trazendo Dom Martiniano. Assim que parou, o cocheiro desceu rapidamente para abrir a porta da carruagem. Existia certa urgência no ar. Dom Martiniano desceu e se dirigiu para a porta de entrada da Câmara. Quando o bispo alcançou o piso do segundo andar do prédio, quase trombou com o Capitão Fialho.

— Dom Martiniano! — disse o capitão, beijando o anel na mão direita do bispo. — Vossa Eminência, obrigado por vir tão depressa. A ajuda do senhor será muito bem-vinda.

— Não podemos descuidar do governador que parece andar com uma procuração do Rei numa das mãos e na outra, uma, do próprio Deus, pra fazer o que bem entende. Não é meu nobre Capitão? — perguntou o bispo.

— Não, não podemos!

Capitão Fialho conduziu o bispo para seu escritório, que ficava a duas portas de distância da escada que Dom Martiniano acabara de subir. Ao entrarem na sala, o capitão fechou a porta para que ninguém os importunasse. Puxou a cadeira para o bispo sentar-se.

— Vinho? — perguntou o capitão.

— Aceito — disse Dom Martiniano.

O capitão encheu duas taças com o vinho que tinha em sua sala. E depois entregou uma delas a Dom Martiniano.

— Saúde! — disseram ao mesmo tempo.

Depois caminhou para perto da janela de sua sala; lá embaixo o movimento das pessoas pelas ruas da vila.

— Pensei em duas infantarias para receber o governador — disse subitamente o capitão. — Uma de filhos da terra e uma, oficial, da Coroa. O que o senhor acha?

— Acho ótimo! Será de impacto essa chegada. Vai agradar o governador — disse o bispo, depois de beber um pouco de vinho. — Ele é dado a luxos extravagantes. Não se lembra da posse? Parecia um rei.

— Desculpe corrigir o senhor, mas ele pensava ser o próprio rei! Não se lembra do discurso no final? "Eu sou Dom Pedro de Almeida Portugal e Vasconcellos, Senhor Capitão-General, terceiro Conde de Assumar, bláblábla" — disse o Capitão Antunes ironicamente. — Esse luxo todo, que a visita dele exige, me preocupa e muito. Não temos como recebê-lo, Dom Martiniano. Não existe nem comida para essa gente toda. Oitenta bocas pra alimentar.

— Calma, que Deus providencia! — disse Dom Martiniano, tentando acalmar o capitão.

O bispo ficou pensativo, ouvia o capitão falar, mas sua cabeça estava longe. Trabalhava para encontrar uma solução.

— Meus homens percorreram as terras da sesmaria e não encontraram casas com estrutura para receber o governador e muito menos comida. O povo mal tá conseguindo se alimentar. É uma gente muito humilde — explicou Fialho.

— E se aumentássemos os impostos? — sugeriu o bispo. — Poderia comprar comida de outras sesmarias.

O capitão concordava que poderia ser uma forma de solucionar o problema. Mas como aumentar os impostos de um povo pobre e sofrido, quase passando fome? Capitão Fialho não tinha respondido a Dom Martiniano. Andava de um lado para o outro pensando em uma solução. O bispo o acompanhava com o olhar à espera de uma resposta.

De repente, Capitão Fialho parou de andar e tomou um pouco de vinho.

— Teríamos que solicitar à corte, em Portugal. Demoraria meses para termos liberação. Não temos esse tempo — respondeu.

— Quando está prevista a passagem dele por aqui?

— Por volta do dia dezesseis ou dezessete agora, de outubro — disse o capitão um pouco desanimado.

O bispo pensava em alguma solução. Fazia contas mentalmente. Capitão Fialho esperava que o bispo apresentasse alguma solução possível de se pôr em prática. Foi quando Dom Martiniano pulou da cadeira e, agora, andando pela sala, disse.

— Dezessete de outubro é uma sexta. Podemos unir o útil ao agradável.

O capitão ainda não havia alcançado aonde Dom Martiniano queria chegar.

— Sexta é dia de preceito, meu nobre capitão. Fiquei sabendo, na chegada de Dom Pedro ao Brasil, que ele é um homem muito religioso. Bem... E se servíssemos peixes no banquete para o governador? O rio está aí a nossa disposição. Mande os pescadores pescarem! — disse Dom Martiniano.

Capitão Fialho ainda digeria todas aquelas informações que o bispo havia lhe dado. Dom Martiniano se aproximou do capitão.

— Me diga! — falou de forma animada. — Peixes no banquete de boas-vindas! Peixes do Paraíba, capitão! Temos muitos pescadores na região, não temos?

— Sim, temos alguns! O que nos falta são os peixes no Paraíba — disse o capitão.

Dom Martiniano se quedou pensativo. Havia um grave problema a resolver: um ilustre convidado a receber e nada para oferecer no banquete em sua chegada à vila. Eles sabiam que a fama dele não era boa, ainda mais se tratando do quesito punição. Ele não era nenhum pouco pacificador. Ao contrário, era a própria guerra. Dom Martiniano pensou, encarou o capitão e deu sua opinião.

— Alguém precisa pagar a conta disso tudo, e não seremos nós! — disse o bispo.

46. Emissários do governador

Uma semana depois da chegada de Dom Martiniano à vila, os preparativos seguiam conforme planejado. A vila começava a dar os primeiros sinais de que uma grande recepção estava sendo preparada.

O sol já esquentava a moleira dos moradores, que estavam na lida desde cedo, quando os cavalos de João Ferreira e Paes Veloso surgiram na rua de chão batido ao lado da igreja. O povo seguia sua rotina enquanto os dois cruzavam o adro rumo à Câmara. Ao chegarem à frente da escadaria, que dava acesso à entrada, desceram de seus cavalos, deram as rédeas a um jovem, que tomava conta dos animais da Câmara, e entraram.

Logo que entrou, Paes Veloso tirou seu chapéu e olhou de um lado para o outro procurando o capitão-mor. Não havia ninguém no salão inferior para recepcioná-los. Até que viram um escrivão escondido em uma salinha no canto do salão. Paes Veloso foi até a porta da sala e bateu na madeira chamando a atenção do homem.

— Poderia nos informar como e onde podemos encontrar o Capitão Antunes Fialho? — perguntou Paes Veloso.

O homem se levantou e foi até a porta. Paes Veloso se afastou e deu passagem para o escrivão solícito.

— Podem subir a escada. A sala dele é lá em cima.

Do alto da escada surgiu o Capitão Antunes.

— Ouvi falarem meu nome completo? Só pode ser oficial — disse já descendo a escada.

Veio ao encontro de Paes Veloso e João Ferreira antes que os dois pudessem subir.

— Capitão! — disse Paes Veloso, cumprimentando.

— Senhores! — disse o capitão.

— Viemos avisar que dentro de dois dias o Excelentíssimo governador, Dom Pedro de Almeida Portugal e Vasconcellos, passará por essas terras e por aqui ficará até que suas bagagens cheguem de Paraty, conforme foi avisado anteriormente — disse Paes Veloso.

— Estamos ansiosos, esperando a chegada dele — mentiu.

Brasil, Colônia de Portugal 1717

— Esperamos que esteja tudo certo com a alimentação e com a hospedagem dele e da comitiva — disse Paes Veloso.
— Está tudo na mais perfeita ordem. Podem ficar tranquilos.
— Então, se o capitão nos dá licença, precisamos seguir viagem — disse Paes Veloso.
— Senhores!
Capitão Fialho os cumprimentou. Em seguida, os dois puseram seus chapéus, montaram seus cavalos e saíram. Acompanhou-os até saírem de sua visão. Quando sumiram na rua ao lado da igreja, subiu correndo para seu escritório. Dom Martiniano e Coruja esperavam-no voltar para continuarem a escrever o Edital da Câmara, para que os pescadores saíssem para pescar a pedido do capitão-mor.

47 Despertar

Quando Iana despertou no dia seguinte, viu que Silvana estava do seu lado. Tomava conta dela. Ficou um pouco agitada e, repentinamente, desnorteada, não sabia onde estava. Mas seu corpo sentiu a cama macia em que estava. Do outro lado, em uma cama, estava Ricardo.
— Se acalme! Você está segura — disse Silvana com a voz mansa.
Iana pareceu entender e sentiu que poderia confiar na mulher que estava do seu lado. Sua respiração voltou a ficar tranquila.

— Você só estava muito cansada da viagem que fizeram. — explicou.

— E ele? — Iana soltou a pergunta quase em um gemido.

Silvana olhou para Ricardo, deitado na outra cama, antes de responder a Iana sobre o estado dele. Ela viu que ele estava sem camisa, e o ombro ferido tinha um novo curativo.

— Cuidamos do ferimento dele. Agora precisa de cuidados. A ferida infeccionou muito. Estava que era pus puro — explicou Silvana. — É grave o estado dele.

Iana levou a mão na boca. Não esperava que pudesse chegar a esse estado e não queria acreditar que Ricardo poderia morrer.

— Só por um milagre, minha filha! O rapaz perdeu muito sangue, não foi?

— Foi! — disse Iana, triste.

— Agora ele precisa de cuidados e de muita oração para Deus ter piedade da vida dele — explicou Silvana.

Iana segurou o braço de Silvana como quem pede por socorro, por um fio de esperança.

— Por favor, nos ajude! — disse ela olhando nos olhos de Silvana.

— O que aconteceu com vocês, minha menina? — quis saber.

Iana contou tudo o que acontecera com eles. Toda a confusão em que estavam metidos por causa de seu irmão. Contou para Silvana sobre o momento que foi comprada por Sebastião de Sá, pai de Ricardo, até o momento que chegou à casa de Silvana e desabou desmaiada.

Silvana compreendeu que precisava ajudar os dois. Essas duas pobres almas se amavam e estavam desesperadas por liberdade. Sabia que precisava ajudar, mesmo que essa ajuda trouxesse perigos e complicações para eles. Algo em seu coração dizia para que ela ajudasse aquele casal improvável, aquele amor impossível.

48 A mensagem

O mensageiro fixou o edital na parede da frente da Câmara. Os moradores não tardaram a se aglomerar para ver sobre o que era o comunicado que o Capitão-Mor emitiu. O texto dizia:

"Câmara da Vila de Santo Antônio de Guaratinguetá. 16 de outubro de 1717

Edital n. 17-0300

Dedicado aos moradores da vila, que exercem a profissão de pescar no rio Paraíba do Sul. Peço que forneçam com brevidade toda a sorte de pescado, a saber: piabas, surubis, bagres, acarás, jacareúnas e outros mais que o acaso se encontre no dito rio e seus afluentes, o qual a dita Câmara pagará de seus cofres com a maior satisfação, a fim de que Sua Excelência Ilustríssima, devidamente alimentado, possa prosseguir sua viagem para as Minas, onde Deus o guarde por muitos anos e Idn".

A mensagem era muito explícita, e o capitão fez questão de incluir o jacareúna na lista para deixar clara a vontade de que queriam que a visita indesejada fosse embora logo. A abreviatura *Idn*, após a expressão "onde Deus o guarde por muitos anos", significava "longe de nós". E era assim que o capitão-mor queria Dom Pedro de Almeida: longe dele e do povo da Vila de Santo Antônio. Sutilmente, ele, o bispo e o mensageiro estavam dando o recado aos moradores de que não concordavam com aquela visita, mas que o receberia para que não houvesse retaliações à vila.

O capitão Fialho estava em volta para tirar qualquer dúvida que surgisse.

— Mas capitão, os pescadores foram tentar a vida nas minas de ouro — disse um morador.

— E o senhor acha que darão conta? — gritou outro morador do meio da rua.

— Esperamos que sim — respondeu ele. — Sei que as coisas não estão fáceis, mas vamos ter fé que tudo vai dar certo.

Enquanto o povo terminava de ler o edital e comentar sobre a chegada do governador, Coruja veio de dentro do prédio da Câmara com outra cópia do documento que

Brasil, Colônia de Portugal 1717

convocava os pescadores. Antes de seguir para seu cavalo, o capitão Fialho o segurou pelo braço.

— Ei, calma aí! — alertou o capitão. — Fale pra qualquer pescador que você encontrar que é pra encher as canoas de peixes. Entendeu?

— Sim, senhor! — disse Coruja.

— Não me desaponte. Esse homem não é flor que se cheire. Ele tem a autoridade do Rei e a fúria de um general — disse quase sussurrando para Coruja. — Agora vai! Estamos perdendo tempo.

Coruja seguiu até seu cavalo. Dois oficiais dos Dragões Reais aguardavam-no, para que pudessem fazer sua escolta pelos povoados no entorno da vila, às margens do Paraíba. Partiram a galope. Não poderiam mais perder tempo.

Na frente da casa dos pescadores, Atanásio ajudava o tio a desembaraçar a rede de pesca quando avistou o mensageiro da vila, acompanhado de dois oficiais da guarda Imperial, entrar na estrada, que dava acesso ao povoado. Sem chamar muita atenção, Atanásio continuou o que estava fazendo; só virou um pouco de costas para que não o percebessem chamando pela tia.

— Tia Silvana!

— Que foi meu filho?

— Lembra que a senhora nos avisou que, se víssemos algo estranho ou a guarda real, era pra avisar?

— Lembro! Como ia esquecer? — disse chegando à porta da choupana.

— Então... é estranho e é a guarda real.

Silvana viu os dois Dragões Reais entrando no povoado. Ainda não haviam cruzado a ponte de pedra, então tinham tempo de agir.

— Filipe! João! — Silvana chamou.

Não tardou, Filipe e João estavam na porta da casa junto com Silvana. Domingos e Atanásio continuavam desembaraçando a rede, mas em alerta.

— Será que estão à procura dos dois? — perguntou Filipe.

— Não vamos arriscar — avisou ela. — Escondam eles.

Filipe e João entraram enquanto Silvana continuava na entrada da choupana, junto de Atanásio e Domingos, para que não levantasse nenhuma suspeita. Silvana tinha consciência plena de que não eles poderiam se defender, caso os Dragões Reais estivessem, de fato, atrás dos dois; mas não iria deixar que os dois fossem descobertos.

Dentro de casa, João e Filipe agiam rapidamente. Queriam terminar de esconder os dois antes mesmo de os soldados chegarem perto da casa.

— E se puséssemos eles nos balaios dos peixes? São grandes e ninguém vai desconfiar — sugeriu João.

Iana estava de pé, do lado deles. Esperava que eles decidissem para ajudar esconder Ricardo e depois se esconder. João tirou as tampas dos balaios. Iana com os dois pegaram Ricardo e o colocaram dentro de um dos grandes cestos. Depois que o acomodaram, Iana entrou no cesto do lado. João foi novamente com as tampas e os cobriu. Iana sentia o cheiro forte de peixe que os balaios exalavam.

Depois que ajudaram Iana, João e Filipe foram para frente da casa ficar com Silvava e os outros. Quando saíram na porta, os dois oficiais e o mensageiro já estavam bem próximos da casa deles. Iana conseguia ver alguma coisa da movimentação do lado de fora pelas frestas do trançado do balaio. Vigiava Ricardo enquanto os oficiais ficavam cada vez mais próximos da choupana dos pescadores.

Um grupo de pessoas começou a se aglomerar no meio do povoado para ver o que estava acontecendo. De repente, os três pararam com seus cavalos, e, sem descer do animal, Coruja tirou da casaca o rolo com o edital e leu para que todos os moradores do povoado pudessem escutar. E ressaltou a importância de se pescar muitos peixes.

— A comitiva é grande! — disse Coruja.

— E se não conseguirmos? — perguntou Domingos. — O rio tá morto.

— Vocês é que estarão mortos então! — disse Coruja. — Pescador, o governador é um homem severo, de fama, e tem o poder nas mãos para mandar matar meia vila se a fome dele não for saciada.

Os oficiais logo se prepararam para sair. Coruja enrolou o edital e o guardou na casaca.

— O edital foi claro. O capitão conta com vocês e vai pagar por isso — disse o mensageiro, saindo em disparada.

Por um lado, poderiam respirar aliviados por não estarem atrás de Iana e Ricardo, mas, por outro, ficaram preocupados, pois, se não pescassem, poderiam morrer. Seguiram para casa. Chegando, foram ajudar Iana a sair do balaio e a tirar Ricardo do outro para voltar com ele para cama.

— É impossível o que estão pedindo! Seria melhor já mandar matar todo mundo de uma vez — disse Domingos, irritado.

— Não fale uma bobagem dessas, homem! — Silvana chamou sua atenção.

— Não podemos desistir assim, meu cunhado — disse Filipe. — Você tem sua família para cuidar, e eu tenho meu filho. Não posso deixá-lo à própria sorte.

Domingos estava preocupado com a responsabilidade que tinham. Era preciso pescar muitos peixes, e para o dia seguinte. Silvana o abraçou na esperança de tranquilizá-lo. Mas nada parecia conseguir acabar com a tensão que havia se instaurado dentro daquela casa. E, para ajudar, ainda tinham dois fugitivos, sendo que um deles estava entre a vida e a morte.

— Mas eles foram bem específicos! Querem até jacareúna! — exclamou Domingos. — Eu não pesco isso nem que me paguem!

— E nós sabemos muito bem que não tem nem peixe no Paraíba. Que ideia desse capitão! — falou João um pouco revoltado.

— Precisamos pelo menos tentar! — disse Filipe.

Iana, mesmo cuidando de Ricardo, prestava atenção na conversa. Silvana tinha encostado em uma das pilastras que sustentavam a choupana. Observava os homens discutindo. Estava em silêncio.

— Não podemos deixar de atender ao pedido da Câmara. É a única escolha que nos deram — disse Filipe juntando suas coisas.

— É... Então o que nos resta é sair e pescar — concluiu Domingos.

Silvana saiu de onde estava e se aproximou de Domingos. Ela e o marido estavam casados há mais de trinta anos. Conheciam-se muito bem, e ela sabia que Domingos era um homem piedoso, temente a Deus e devoto de Nossa Senhora da Conceição.

— O que nos resta é rezar, Domingos. Não perca sua fé logo agora por causa de um governador mimado. Se aprume, homem! Vocês vão conseguir os peixes. Tenha fé! — Silvana o incentivou. — A Virgem da Conceição há de interceder por vocês, e Deus não vai permitir que nenhum mal aconteça.

Domingos encarou Silvana e, com o seu olhar, confirmou que confiava na proteção de Nossa Senhora da Conceição. Depois se despediu de Iana e Atanásio. Ele ainda era muito jovem para ajudar na pesca, não tinha experiência suficiente para o trabalho no rio. Por isso ficaria com a tia, ajudando a cuidar de Iana e de Ricardo, enquanto os outros estariam pescando. Filipe pegou a rede e começou a se movimentar para sair. Silvana ficou na porta para se despedir dos três. Domingos foi a sua direção, e, logo atrás, João.

— Reze por nós, mulher. Reze por nós! — pediu Domingos.

— Rezarei! — disse ela com o terço na mão.

Depois de dar um beijo em Domingos, Silvana deu um beijo de despedida em seu filho.

— Cuida do seu pai por mim, viu! — pediu Silvana. — Não deixa esse velho cabeça dura cair nas águas do rio.

João confirmou que cuidaria por meio do beijo que deu no rosto de sua mãe. Silvana viu os homens seguirem com a carroça na direção do porto de José Correia Leite. Depois entrou e se pôs a rezar diante de seu oratório.

— Minha Mãe, cuida deles! — disse Silvana, piedosamente.

49 A hora da graça

As duas canoas foram empurradas para dentro do rio pelos três pescadores. Filipe pulou dentro de uma delas e caminhou para o banco traseiro enquanto a canoa avançava para dentro do Paraíba.

Na outra entrou Domingos e João, e não demoraram a alcançar Filipe.

O porto de José Correa Leite, ponto de partida dos três, ia ficando menor ao passo que as canoas desciam o rio Paraíba. No poente, atrás da Mantiqueira, o sol já se escondia tingindo o céu do vale em infinitos tons de laranja e amarelo. Era uma tarde lenta e calma sobre a terra. As canoas desciam o rio lado a lado.

— O Capitão Fialho tá pedindo um milagre pra gente! — disse João, enquanto rezava.

— Tá exigindo! — gritou Filipe da outra canoa.

— O rio tá morto. Não pula um peixe sequer... — disse Domingos.

Os três desceram um pouco mais no rio. Quando estavam já um pouco abaixo de onde partiram, João passou o remo para seu pai, pegou a rede e começou a prepará-la para lançar. Conforme mexia na trama, sentia o cheiro de peixe nas cordas da rede. Preparou-se e fez uma primeira lançada de rede. Deixou que ela descesse bem fundo e começou a puxá-la.

— Tá puxando? — sussurrou Domingos.

— Nada. Tá vazia — concluiu João, terminando de puxar a rede para fora d'água.

Filipe mantinha seu barco no mesmo lugar fazendo manobras com seu remo, mas, depois que João puxou a rede para fora sem um peixe sequer, voltou a remar. João sacudiu a água da rede e a jogou dentro da canoa. Desceram mais um pouco.

Domingos viu ao longe um peixe pular na superfície.

— Puxe a canoa para lá, Filipe — disse Domingos apontando para o lugar.

— Você viu alguma coisa? — quis confirmar Filipe.

— Se não foi imaginação da minha cabeça, vi um peixe pular — disse Domingos.

— Um peixe? — disse Filipe indignado. — Você quer fazer eu ir pra margem esquerda porque viu um peixe pular?

— Um é melhor do que nada — concluiu Domingos.

— Sim, mas tomara que tenha mais peixes — disse João.

— Tomara... Tomara, meu filho — falou Domingos mais pensativo do que nunca.

João remava e observava seu pai a cada remada que dava. Por um longo tempo eles remaram. Buscavam uma solução para a falta de peixes. Domingos fitava o horizonte enquanto as canoas cortavam o leito do rio.

João jogou a rede novamente e mais uma vez veio vazia.

— O que vamos fazer, tio Filipe? O capitão Fialho não vai nos perdoar se voltarmos com os cestos vazios, sem peixe algum! — disse João.

O semblante de João revelava o desespero que começava a sentir.

— Deus proverá, meu filho! Não se preocupe. Ele não vai nos abandonar agora quando mais precisamos dele — disse Filipe pegando a rede que estava no fundo de sua canoa.

Filipe lançou a rede e deixou que ela afundasse na busca por peixes. Depois de algum tempo ele puxou.

— Nada? — perguntou João.

— É, nada! — respondeu Filipe ao ver a rede vazia.

— Os ventos parecem soprar noutra direção.

Os três ficaram ali parados, à espera de alguma ideia que pudesse salvar a pele deles.

— Vamos descer um pouco mais, até o porto do Itaguaçu — sugeriu Domingos. — Quem sabe não seremos mais felizes lançando as redes lá...

Filipe pôs sua rede no fundo da canoa e pegou o remo. Desceram remando por mais ou menos duas léguas. As águas do rio pareciam mortas. Nada para se pescar. Talvez uns magros peixinhos que insistiam em escapar por entre as malhas da rede. O Paraíba seguia indiferente ao dilema dos pescadores. Seu murmúrio monótono até parecia zombar daqueles três simples pescadores. As duas canoas desciam cortando o leito do rio, enquanto os rodamoinhos se formavam em torno das pedras e das ilhotas.

Finalmente chegaram ao porto do Itaguaçu. Reduziram a velocidade com que desciam suas canoas pelo leito do rio. Enquanto Domingos tentava manter a canoa no mesmo lugar, João preparava a rede para começar a lançar. Lançou. Esperou um pouco. Retirou e, mais uma vez, vazia.

As horas se passavam sem que conseguissem pegar sequer um peixe. Já estavam desanimados. Filipe se ajoelhou dentro de sua canoa, olhou para os céus e clamou.

— Ô minha Nossa Senhora da Conceição, roga por nós! — sussurrou Filipe.

Já estavam na altura do porto do Itaguaçu fazia um tempo. De repente, um silêncio no rio. Os pássaros pararam de fazer barulho. Já se aninhavam nas árvores. Tudo se acalmou. O coração dos três batia no mesmo compasso. João lançou a rede. Filipe novamente fez uma prece em seu coração. Tentava escutar as águas barrentas. João Alves puxou a rede. Algo surpreendente aconteceu.

— Apanhamos! — disse João, animado.

— Não deixa escapar! — exclamou Filipe.

— Devagar e com cuidado, meu filho — disse Domingos.

— Sinto peso. Vem alguma coisa aí! — falou João.

O emaranhado da rede vinha surgindo pouco a pouco. Mas não surgiu peixe, e João foi ficando desanimado.

— Está vazia! — disse Domingos.

— Alguma coisa tem. Só não é peixe — explicou João.

João veio lentamente retirando a trama da rede de dentro da água. Ao puxar o final da rede para dentro da canoa, deparou-se com o corpo de uma imagem feita de barro.

Brasil, Colônia de Portugal 1717

— Santo Deus! O que é isso João? — perguntou Domingos.

— É o corpo de uma imagem, meu pai. A imagem de uma santa. É o que parece — explicou João.

— Me dê aqui — pediu Filipe.

Ele tinha retirado das águas do Paraíba um corpo de uma santa sem cabeça, feito de barro, envolto pelo lodo das águas do rio.

João mais que depressa deu o corpo da imagem ao tio. Sabia que imagem quebrada era sinal de mau agouro. As coisas já estavam ruins. Não queria que a má sorte se apossasse de vez da pescaria deles.

Filipe pegou o corpo da santa nas mãos.

— Isso só pode ser um sinal dos céus... Um sinal de Deus! — exclamou Filipe.

Por um tempo, ele ficou encarando o corpo sujo de barro do rio.

— Deixa a santa aí, meu tio! — disse João.

— Vamos, porque o Capitão não vai se contentar apenas com ela. Quer peixes. Muitos! E até agora nossas canoas estão vazias — alertou Domingos.

— Toca a jogar a rede outra vez — disse Filipe, incentivando o sobrinho a continuar.

A rede subiu longe e depois caiu de uma vez só na água, sumindo conforme ia afundando. Os três esperaram. Retiraram e nada conseguiram.

— Vamos descer um pouco mais. Teu tio tagarela que deve ter espantado os peixes — disse Domingos.

— Sua rabugice que espantou os peixes — disse Filipe.

— Os dois podem parar? Estão tirando minha concentração — disse João.

Desceram um pouco mais com as canoas. Estavam na curva do rio quando João lançou a rede mais uma vez. Já estava quase pensando em desistir. Recolheu-a, no fim de algum tempo, sem entusiasmo; mas Filipe ficou admirado quando viu algo pequeno preso na trama da rede.

— Que é isso? Uma cabeça? — perguntou Domingos, espantado.

— É! É uma cabeça... — disse João estranhando.

— Me dê aqui! — disse Filipe apressando João a entregar a cabeça, que estava na trama da rede.

João passou a cabeça depressa para o tio que a pegou. Ao aproximar o corpo e a cabeça, ajustaram-se perfeitamente. Filipe ficou encantado com o achado.

— É a Virgem Santa! Ela está mesmo com a gente. Isso é um aviso. Um sinal de Deus — disse Filipe.

João e Domingos encararam Filipe.

— Acreditem em mim. Lance a rede mais uma vez — disse Filipe para João.

Filipe enrolou a imagem partida em um pano e a deixou guardada dentro de um cesto no fundo de sua canoa. João preparou a rede para lançar mais uma vez a pedido de seu tio. A rede caiu na água com o mesmo barulho de sempre. Suas malhas desceram em um bailar. Ficaram em silêncio. De repente, a rede parecia ser puxada para baixo. Domingos correu para a borda da canoa para ajudar seu filho, que agora tinha dificuldades para puxar a rede de volta. A canoa oscilou.

— Aguenta a mão, gente! Desta vez é coisa grande — disse João, animado.

A rede balançava com pequenos solavancos. Parecia estar cheia.

— Sinto os peixes pularem! — disse Domingos sem acreditar no que estava acontecendo.

— É presente do céu, meus amigos! É presente do céu! — gritava Filipe dentro de sua canoa.

O tramado da rede vinha aparecendo, pouco a pouco revelando que ela estava cheia de peixes, os quais não conseguiam puxar para dentro da canoa. Um tapete espesso e prateado começou a emergir do rio. Dos tamanhos mais variados, para todos os gostos, de todas as qualidades que a Câmara havia pedido. Eles saltavam entre as malhas. Colocaram tantos peixes dentro da canoa, que, pesada, baixou sua borda até quase o nível do rio.

— Que o Senhor seja louvado! — disse Domingos.
— Que fartura!
— É o milagre da santa! — disse Filipe para os companheiros de pesca.

Os três pareciam não acreditar no que estavam vendo.

— Quando um homem se ajoelha para rezar, os céus escutam e a terra treme com o poder de Deus! — disse Filipe. — Meus amigos, isso foi um milagre! Um sinal de Deus. Essa imagem é um Sinal de Deus!

O entardecer dera lugar às estrelas e à lua no céu. Um perfume de terra molhada e do capim fresco impregnava no ar. Com a canoa onde estavam Domingos e Filipe, cheia de peixes, os três se aproximavam da margem do Paraíba. Quando encostaram na beira do rio, Filipe desceu e puxou a sua mais para cima e ajudou Domingos a puxar a outra, onde estavam os peixes.

— Vamos juntar eles em sacas. Vocês levam na Câmara, e eu espero por vocês na entrada do povoado, perto da ponte de pedras — disse Filipe.

— Está bem — concordou João.

— Filipe, guarda contigo essa cesta de peixes. Vamos fazer um banquete em casa — disse Domingos, entregando para o cunhado uma cesta cheia de peixes.

50 Senhora da Conceição

A pesca fora abundante, mas ainda era preciso entregar todos os peixes que haviam pescado a pedido da Câmara. Enquanto Filipe Pedroso ficou esperando por seus companheiros de pesca perto do povoado, Domingos e João seguiram de carroça para a vila. Não queriam demorar. O plano era entregar e se verem livres das garras do Capitão Fialho.

Quando chegaram aos fundos da Câmara, o cozinheiro, contratado pelo capitão, fumava um cigarro de palha na porta dos fundos do prédio da câmara. Impaciente, esperava os primeiros pescadores com peixes. João e Domingos foram os primeiros.

— Espero que tenham pescado o bastante para saciar a fome do governador — disse o ranzinza cozinheiro.

Domingos entregou as sacas abarrotadas de peixe.

— Vou trazer o pagamento.

Enquanto o cozinheiro entrou para pesar o peixe e trazer o pagamento, Domingos e João ficaram esperando. João observava as janelas e os fundos do prédio. Viu que um monte de caixotes acumulava no canto.

O cozinheiro logo voltou com o pagamento deles. Receberam e saíram com a carroça. Cumpriram a missão que lhes fora confiada.

Já no adro da igreja, os dois perceberam que o movimento começava a aumentar e a vila já se revestia de festa para a chegada do ilustre governador da capitania no dia seguinte.

João e Domingos já estavam a caminho da aldeia quando cruzaram com um grupo de moradores da vila felizes, porque madrugaria para ver de perto o ilustre governador, vindo de Portugal, que tanto ouviram falar nos últimos dias. Os dois olhavam para o rosto daquelas pessoas e viam que elas nem imaginavam o milagre que acabara de acontecer e do qual eles foram testemunhas. Os dois apressaram o burro, que puxava sua carroça, e seguiram para o local combinado, onde Filipe estava esperando.

Filipe não sabia como Silvana, sua irmã, reagiria à chegada daquela imagem quebrada. Ele, apesar de entusiasmado com o surgimento da pequena imagem enegrecida pelo rio, pensava que ficar com ela em casa poderia ser sinal de mau agouro. Logo que o pensamento sumiu de sua cabeça, seus amigos apontaram com a carroça na estrada que levava à aldeia. Ao pararem perto dele, Filipe subiu com a cesta cheia de peixes e com a imagem envolta em um pano.

— Entregaram? — perguntou Filipe.

— Sim, e nem um muito obrigado recebemos — reclamou Domingos.

— Só um "não fizeram mais do que sua obrigação..." — disse João.

Mas a paz parecia reinar momentaneamente. No povoado, as chamas das tochas iluminavam o caminho por onde os três passavam. Quando Filipe chegou à porta da casa de Domingos e Silvana, viu sua irmã e seu filho esperando por eles. A carroça parou na frente da casa.

Antes que pudessem falar algo, Silvana perguntou:

— Conseguiram atender ao pedido?

— Conseguimos, mas aconteceu uma coisa... — disse Filipe.

— Fale logo homem, não me deixe com o coração na boca — retrucou Silvana.

João quebrou o silêncio.

— Mãe, aconteceu um milagre! Um milagre! Não tinha peixe até que ela apareceu na rede.

— Ela quem? — Queria saber Silvana, ainda mais aflita.

Filipe Pedroso desenrolou o pano que segurava. Dentro, a imagem quebrada que eles pescaram no rio. No olhar de Filipe, um brilho especial parecia cintilar.

— Parecia tudo perdido, minha irmã. E, então, ela surgiu nas águas — disse Filipe. — Veio na nossa rede, minha irmã! Primeiro o corpo e depois, mais abaixo no rio, a cabeça. Sinal de Deus que apareceu em nossa vida!

— E depois pescamos muitos peixes! — disse Domingos — Eram tantos, que enchemos uma das canoas.

O rosto de Silvana revelava o que seu coração sentia. Seus olhos marejados brilhavam. Sabia que algo muito especial havia acontecido. Enxugou as lágrimas.

— Precisamos colar a cabeça no corpo. Acho que tem um pouco de cera preta guardada.

Atanásio saiu correndo para pegar a cera. Filipe, Silvana e os outros foram preparar um espaço na choupana para montarem um oratório; precisavam de um local digno para que a imagem pudesse ficar.

Iana viu a movimentação. Estava tomando conta de Ricardo. Pôs o pano úmido na cabeça dele na esperança de que a febre baixasse. Levantou de onde estava e se aproximou.

Atanásio não demorou a voltar com a cera. Entregou para a tia e deu espaço para que pudessem colar, sem que ele atrapalhasse. Iana se aproximou de Atanásio e ficou olhando com atenção o que estavam fazendo.

— O que é isso? — perguntou Iana, curiosa.

— Uma imagem de Nossa Senhora. Eles encontraram a imagem no rio. Mas ela está partida. Minha tia vai colar a cabeça no corpo — disse Atanásio.

Domingos e João preparavam o pequeno oratório na casa para receber a imagem, quando estivesse colada. Silvana, assim que derreteu a cera em cima dos ombros da imagem, apressou seu irmão para colar a cabeça no corpo. Com a ajuda de sua irmã, Filipe juntou as duas partes. A cera quente, quase fumegante, exalava o cheiro de mel pela casa. Corpo e cabeça estavam perfeitamente encaixados.

Pronto! — disse Silvana.

Todos observaram com profundo carinho a imagem agora completa. Era uma Nossa Senhora da Conceição, aparecida nas águas. Silvana, com ternura e amor, colocou-

-a no oratório, que haviam acabado de preparar. Acendeu duas velas de cera de abelha e se afastou. Por um instante, contemplou a imagem de mãos postas, sorriso nos lábios e muitas flores que adornavam, em relevo, os cabelos e a gola caseada. Era uma visão divina, celestial. A imagem no meio, a protegê-los, e as velas ao lado, iluminando a vida de quem acorresse a Nossa Senhora da Conceição, aparecida nas águas. Filipe percebera que aquela pequenina imagem, grandiosa em bondade e amor, inspirava devoção e confiança. Por isso, ajoelhou-se e exclamou:

— Minha Nossa Senhora Aparecida, valei-me na minha vida e na morte!

Os outros seguiram seu gesto e também se ajoelharam para agradecer. Iana ainda ficou por um tempo em pé, parada, observando o gesto de veneração para com a Virgem Aparecida. Depois de um tempo, ajoelhou-se e rezou, pedindo que olhasse por Ricardo, que ardia em febre.

51 Dupla emboscada

O sol já começava a despontar. A comitiva do governador já estava de pé, arrumando suas bagagens para seguir viagem. Bola de Sebo comia um naco de pão, que conseguiu pegar na cozinha do sítio, onde pernoitaram na vila de Pindamonhangaba, e escrevia atualizando o diário de viagem de Dom Pedro.

Outubro, 17.

Não dormi noite passada. Muitos mosquitos incomodando, e, pelo que fiquei sabendo, Dom Pedro também não conseguiu pregar os olhos. Pela manhã ouvimos missa. Padre Basílio celebrou em um altar improvisado, pois o sítio não possuía capela. Na falta de Paes Veloso, João Ferreira tomava conta da nossa comitiva. Nosso chefe de comitiva estava para Minas e encontraria conosco na próxima vila. Ainda no dia 17, pela manhã, seguimos imediatamente para a Vila de Santo Antônio de Guaratinguetá.

Bola de Sebo escrevia um pouco antes de sua partida para a Vila de Santo Antônio, quando Padre Basílio se aproximou.

— Vamos, Bola de Sebo! João Ferreira já está chamando pra partirmos. Não vai querer o governador enfurecido por pouca coisa.

— Ai, nem se pode escrever mais em paz — disse Bola de Sebo resmungando.

— Não reclama! Pega logo esse cavalo e vamos embora. — insistiu o padre.

Bola de Sebo juntou seu caderno e o guardou em sua bagagem. Subiu no cavalo, e, logo, ele e o padre se juntaram à comitiva, que começava sua jornada de meio dia até a próxima vila.

Brasil, Colônia de Portugal 1717

Enquanto a comitiva ia da Vila de Pindamonhangaba para a Vila de Guaratinguetá, o Capitão Fialho e Dom Martiniano cuidavam dos últimos detalhes para a chegada do governador. Uns erguiam os arcos com flores do campo, e outros, com laranjas. Eles davam um colorido diferente na vila. Os moradores também começavam a sair de suas casas para poderem esperar o governador, que não tardaria a chegar.

Na sacada do segundo andar do prédio da câmara, apareceram o bispo e o capitão. Observavam a movimentação para recepcionar o governador.

— Está tudo em ordem. Vai ser uma festa bonita — disse Capitão Fialho.

— Será! — disse o bispo — E o governador não terá o que reclamar.

— Conseguimos os peixes. Trouxeram ontem de noite — informou Fialho.

— Já passei pela cozinha hoje de manhã e senti o cheiro gostoso da comida sendo feita — contou Dom Martiniano. — Será uma recepção inesquecível.

Na estrada, rumo à vila de Santo Antônio, os quatro batedores dos Dragões Reais vinham na frente, abrindo caminho para a comitiva, quando foram abordados por sete homens.

— Parados — gritou o Rato com uma arma em punho.

Os quatro pararam, entreolharam-se e levantaram as mãos.

245

— Parados! — uma voz bradou.

Rato desnorteado procurava de onde ela vinha. Os outros homens também procuravam quem teria ordenado que eles parassem.

De repente surgiu do meio do mato Dom Pedro.

— Rato, não é? — perguntou o governador.

— Quem é você? — perguntou Rato com certa irritação na voz.

— Ah! Não me faça dizer meu nome todo. É muito longo. E perderemos um tempo danado — disse Dom Pedro. — Basta apenas saber que sou aquele que vai prender vocês.

Rato e os outros soltaram uma gargalhada.

— Só vocês três? — perguntou Rato sem acreditar no que estava ouvindo.

— Nós três, sim! — disse Dom Pedro. — E mais meus outros amigos dos Dragões Reais.

Foi a deixa para que os soldados deixassem seu esconderijo. Quando Rato e Maré Alta viram, estavam cercados por mais de vinte homens da guarda imperial. Não teriam chance.

— Se rendam — disse o governador.

Rato e os outros não tinham o que fazer, senão se renderem. Não teriam chances. Logo os soldados prenderam todos. Mas o Espanhol, um dos homens de Rato, viu uma possibilidade de fuga. E, com esperteza, conseguiu

Brasil, Colônia de Portugal 1717

escapar. Os homens da guarda ainda atiraram, mas ele conseguiu se embrenhar na mata.

— Parem! — gritou Dom Pedro — Já temos o líder deles. Esse pobre coitado morrerá na mata. Ponham na carroça com jaula e levem eles conosco. Enforcaremos na próxima vila.

— Não quer levá-los até Vila Rica? — perguntou João Ferreira.

— Não, João Ferreira! É muito arriscado.

Os seis que eles conseguiram capturar foram levados para a carroça.

— João, chegando na próxima vila, providencie o enforcamento desses homens. Não quero ficar passeando com eles na minha comitiva — disse Dom Pedro.

— Sim, meu senhor — disse João Ferreira.

Seguiram viagem depois dessa prodigiosa prisão engendrada por Dom Pedro.

Outubro, 17. A prisão do Bando dos Sete, cujos presos foram seis, foi arquitetada por Dom Pedro. Quando nos chegou a informação de que o grupo de criminosos estava na região, ele esquematizou um plano para emboscá-los. Mandou os batedores à frente da comitiva, fez outros vinte homens se esconderem no meio da mata para que fosse perfeita a prisão. Tivemos êxito. Dom Pedro foi um excelente general de guerra na prisão desses malfeitores.

Chegamos à vila de Santo Antônio de Guaratinguetá, por volta do meio dia, e fomos recebidos em grande estilo, com ruas enfeitadas para nossa chegada. No adro da matriz, duas companhias de Infantaria nos esperavam: uma de filhos da terra e outra dos do Reino, a maior parte marabutos e soldados. Os sons da banda de música saudavam a chegada do Excelentíssimo Governador. Mas o que me chamou a atenção mesmo foi o cheiro de comida gostosa sendo preparada. Não sentia um cheiro assim tão delicioso há tempos. O cheiro de peixe sendo preparado é divino. Os aromas eram muitos, um parecia de peixe ensopado, o outro de peixe frito em banha de porco e de peixe assado na folha de bananeira. Tudo agradou ao meu nariz. Na certa me agradará o paladar também. Acredito que seja para o jantar. Ouvi falar que será servido um banquete em honra a Dom Pedro. Começamos a nos alojar e guardar nossas coisas. Desde que chegamos, Dom Pedro está trancado na sala com as autoridades da vila.

52 Ordem de prisão

O cavalo de Paes Veloso ia a galope pela estrada velha do ouro, que ligava as Minas à Vila de Santo Antônio. Queria chegar o quanto antes para mostrar a carta que, há alguns dias, chegara de Portugal. Reduziu a marcha do cavalo assim que chegou aos arredores de Vila Rica. Percebeu que o fluxo de pessoas, seguindo para o centro da vila, havia aumentado consideravelmente com a chegada do governador. Quando se deu por conta, viu que a vila estava toda enfeitada. Não se deteve por muito tempo apreciando os arcos de flores e laranjas, que coloriam as ruas de chão batido. Seguiu para a Câmara. Queria o quanto antes contar a novidade para Dom Pedro.

Quando chegou, o adro da igreja estava tomado por moradores da vila, que foram saudar o novo governador; espalhados pela entrada da Câmara, estavam negros e índios misturados aos oficiais e aos cavalos, que haviam trazido toda a comitiva que acompanhava Dom Pedro de Almeida. Paes Veloso entrou na Câmara como um raio. Logo alcançou o segundo andar do prédio e encontrou Dom Pedro a receber os vereadores, juízes e o próprio Capitão Fialho, junto com Dom Martiniano.

Paes Veloso parou na porta para esperar pela atenção do governador, que conversava animadamente com seus anfitriões. Quando percebeu a presença de Paes Veloso, parou imediatamente de conversar com os demais.

— Senhor, um assunto urgente.

— Não podemos esperar?

— Infelizmente, não — disse Paes Veloso.

— Senhores, me desculpem, mas terei de me ausentar por alguns instantes. Continuem a conversa — disse Dom Pedro. — Capitão Fialho, onde poderia conversar em particular com meu chefe de comitiva? — perguntou.

— Na minha sala. Lá poderão conversar tranquilamente, sem que ninguém os atrapalhe — disse o capitão, levantando-se para mostrar a sala.

Paes Veloso se dirigiu para a sala do Capitão-Mor e esperou que Dom Pedro entrasse para depois entrar e fechar a porta. O governador sentou-se na cadeira do Capitão Fialho, enquanto Paes Veloso caminhava para a outra cadeira, que estava à frente da mesa.

— O que há de tão importante que não poderia esperar?

Paes Veloso tirou a carta de sua casaca e mostrou-a para Dom Pedro.

— Chegou de Portugal para o senhor.

Dom Pedro pegou a carta, abriu, leu por alguns segundos até devolver para Paes Veloso.

— Já tinha conhecimento disso. Dom João já desconfiava de Sebastião de Sá há alguns meses. Por isso, começaram a interceptar as cartas que ele trocava com a esposa — revelou. — Não se pode enganar El-Rei. Ele tem olhos e ouvidos em todos os cantos de seu reino, inclusive nas colônias, meu amigo.

— Mas não fará nada a respeito? — questionou Paes Veloso.

— Faremos, meu caro. Faremos — disse o governador com ar de mistério — O que as pessoas não fazem para se livrar da prisão, ou quiçá de um enforcamento.

— O que o governador quer dizer com isso?

Brasil, Colônia de Portugal 1717

— Meu nobre Paes Veloso, enquanto esteve ausente, fizemos grandes progressos nesta vila — disse ele ainda com um ar de mistério. — Existem coisas que estão mais grudadas do que imaginamos. A coroa está atrás de um famoso bando de salteadores, que roubavam os carregamentos de ouro do Rei. Pois bem, conseguimos prender seis integrantes. Um fugiu, mas dos males o menor.

— As coisas estiveram agitadas por aqui, e eu pensando que estaria trazendo uma bomba...

Dom Pedro levantou-se e foi para a janela da sala. Olhava para o movimento do lado de fora, sem chamar a atenção dos que estavam na rua. Tinha a cortina como um véu, que o protegia de ser visto e reconhecido.

— E o pulo do gato — disse, virando-se para Paes Veloso —: para tentarem amenizar a pena, contaram que Sebastião de Sá está aqui, nesta mesma vila. Vieram atrás de uma negra e do filho dele. Já fiquei sabendo de tudo. Nossos informantes estão trabalhando muito bem, mas é uma história longa, que não vale a pena ser contada. O que importa é que de uma só vez colocaremos as mãos nessas escórias da sociedade.

Dom Pedro traçou em sua cabeça o plano que colocaria em prática para poder prender Navalhada, o braço direito de Sebastião, e o próprio Sebastião de Sá.

— Esse homem sempre foi uma peste. Chegou de manso, a Coroa deixou que se alastrasse e agora nos causa todos esses problemas de contrabando — explicou o governador. — Mas vamos deter isso já. É o que El-Rei espera de mim.

— E o que vamos fazer então? — perguntou.

— Preciso de um favor seu. O banquete que irão servir em minha homenagem será aqui na câmara, logo mais. Convide Sebastião. Diga que sou eu, o próprio governador da capitania que o convida. Ele não recusará meu convite.

Dom Pedro virou-se, novamente, e voltou a olhar para a movimentação na rua, por trás das cortinas.

Não tardou muito, Paes Veloso e João Ferreira saíram em busca de Sebastião de Sá, com um convite oficial do governador, para que ele comparecesse ao banquete. Quando menos esperavam, ao virarem uma das esquinas da vila, viram Navalhada e Sebastião de Sá saírem da única hospedaria do lugar. Seguiram até perto deles e desceram do cavalo.

— Sebastião de Sá? — gritou Paes Veloso.

Sebastião parou e olhou para Paes Veloso. Estranhou por não saber quem era o homem que o chamava pelo nome.

— Sou eu. E o senhor? Qual sua graça?

— Paes Veloso. Chefe de Comitiva do Excelentíssimo Senhor Governador, Dom Pedro de Almeida Portugal e Vasconcellos — disse ele.

— A seu dispor — respondeu Sebastião todo solícito. Navalhada olhava tudo meio ressabiado. Não estava entendo o que se passava.

— Estou aqui, em nome do governador, para convidá-lo para o banquete que será servido amanhã na Câmara em homenagem a ele. Ele faz questão que o senhor esteja lá.

— Mas isso é uma honra para mim. É claro que irei — disse Sebastião lisonjeado. — Agradeça a ele o convite. Agora se me permitem.

Sebastião se retirou com Navalhada e seguiram pela rua de chão batido, enquanto Paes Veloso e João Ferreira voltavam pelo lado oposto.

— Isso vai nos atrasar — disse Navalhada.

— Aquela escrava é uma burra. Não sabe ler. Como que vai descobrir o segredo do caderno? Não tem como encontrar nada se não souber ler o mapa. Nada! — disse Sebastião.

53 Milagre!

Silvana acendeu uma vela de cera de abelha e pôs em cima da que já estava quase no final. Desde que a imagem de Nossa Senhora apareceu nas águas e os pescadores a levaram para casa, não deixou mais que as velas do oratório se apagassem. Não queria que a luz abandonasse sua humilde choupana. O tremular das chamas iluminava o rosto singelo da pequenina imagem, as mãos postas de Silvana e também as da imagem. Elas escondiam o balbuciar de seus lábios em preces constantes pelos seus e pelos novos amigos, que acolhia em sua casa.

Quando terminou, foi se sentar à mesa, onde estavam os homens, que conversavam animadamente. Os lampiões iluminavam seus rostos felizes pelo êxito da pesca. Para ela, um lugar ao lado de Domingos. Na outra ponta, estava Filipe, João e Atanásio. Um lugar vago para que Iana pudesse participar do jantar com eles; mas ela não arredava o pé do lado de Ricardo.

Silvana preparou um banquete simples com os peixes que Domingos trouxera. Tirariam a barriga da miséria aquela noite. Ela olhava os rostos felizes, os olhares e a realização daqueles homens pelo feito que haviam empreendido. Era um milagre, pensava. Lembrou-se do sermão do padre da vila, meses antes, sobre a pesca abundante que Pedro, o apóstolo, fez no Lago Genesaré, diante do pedido do próprio Jesus. Da mesma forma que eles, Pedro tentou pescar na noite anterior e não apanhou nada; porém, confiando na palavra, lançou as redes e apanhou uma grande quantidade de peixes.

— Pensei que a rede fosse se romper! — disse João.

Domingos viu que Silvana não participava da conversa.

— Tudo bem? — perguntou, preocupado com a esposa.

— Sim, tudo! Estava me lembrando de uma outra pesca, também milagrosa — disse ela com um sorriso no rosto.

Os outros continuavam conversando.

— A menina não vai sair de volta do rapaz? — perguntou Domingos.

— Deixe ela, homem — disse Silvana. — Se fosse você, também não sairia de perto até te ver bem e rabugento novamente.

Todos riram com o comentário de Silvana.

— Ela espera que ele acorde, tio! — sussurrou Atanásio.

— Ele está assim há dias. Acho que nem melhora mais. É daí, pra pior! — disse João.

— É... Só por um milagre! — completou Silvana.

— Mas ela precisa se alimentar! — insistiu Domingos. — Senão teremos dois moribundos.

— Deixa... Quando ela quiser, ela vem! — disse Silvana. — Qualquer coisa eu levo algo para ela comer. Agora coma! Aproveite, porque fiz com amor.

Eles jantaram felizes por terem conseguido cumprir com a missão e por saber que Deus e Nossa Senhora tomavam conta deles. Tinham a certeza de que a partir daquele dia as coisas melhorariam.

Ao terminarem, Silvana levou comida para Iana e sopa para que ela desse a Ricardo.

— Obrigado por ser tão generosa — agradeceu ao pegar os pratos com a comida.

— Minha filha, não precisa agradecer — disse Silvana. — Devemos sempre fazer o bem sem olhar a quem estamos fazendo...

— A senhora é um anjo em nossas vidas! — disse Iana.

Silvana sorriu e foi ver como estava a ferida de Ricardo. Viu que o curativo estava aparentemente seco.

— Iana, não demore a dormir. Você também precisa descansar.

Silvana saiu e foi até o oratório. As velas já estavam pela metade, mas ainda iluminavam o rosto da imagem e suas pequeninas mãos em prece. O brilho das velas também refletia dentro dos olhos de Silvana. Ela rezou por um instante até que sentiu a presença de Iana.

— Se pedir com fé, se ele puder ser curado, ele será! — disse Silvana para Iana com o olhar fixo na imagem.

Iana se aproximou, colocou as mãos unidas, postas em oração, fechou os olhos e rezou pedindo que Nossa Senhora ouvisse suas preces. Pedia que curasse Ricardo e os livrasse daquele pesadelo sem-fim.

Silvana olhava para Iana rezar. Seu semblante era de quem pedia com fé. Quando Iana terminou sua prece, abriu os olhos novamente.

— Devia ser eu no lugar dele — disse Iana quase chorando. — Ele é um homem bom!

Silvana abraçou Iana. Tentava com seu abraço acalmá-la.

— Fique calma, minha filha. Ele vai ficar bem. Ela vai cuidar dele, como tem cuidado de todos nós. Agora vamos dormir — sugeriu Silvana.

As duas foram se deitar. Do lado de fora, uma sinfonia dos bichos: sapos coaxando, grilos cantando. Iana tentava pregar os olhos, mas não conseguia. Sentia que devia ficar velando o sono de Ricardo, esperando seu pedido ser ouvido.

Levantou-se e sentou-se, encostando na beirada da cama, onde estava Ricardo, e adormeceu vencida pelo próprio cansaço. Acordou com o cheiro gostoso do café, que Silvana havia acabado de passar. O aroma delicioso tomara conta da casa inteira. Iana se levantou mais que depressa e começou a se arrumar, penteando sua farta cabeleira.

— Água! — disse uma voz fraca e ofegante — Tenho sede!

Iana nem acreditava no que acabara de ouvir. Era Ricardo, falando novamente com sua voz doce, mesmo que fraca. Seu coração disparou. Largou imediatamente o que estava fazendo e foi até a cama. Ricardo estava vivo, mais corado e acordado. Os olhos abertos passavam por todo o ambiente, tentando descobrir onde estava. Quando viu Iana, sorriu.

— Milagre, dona Silvana! Ela ouviu nossas preces! — gritou feliz.

Silvana largou o café e correu para ver o que estava acontecendo. Quando viu Ricardo acordado, não acreditou.

— Deus seja louvado! — exclamou.

Os olhos de Iana brilhavam com as lágrimas, que brotavam de felicidade. Silvana se aproximou.

— Nossa Senhora te ouviu, minha filha! Ela te ouviu! — disse Silvana.

Ricardo não entendeu nada do que elas estavam falando. Não sabia onde estava e o que tinha acontecido, mas estava feliz por estar perto de Iana, e ela, por ele estar vivo. Apareceram João e Domingos para ver o que estava acontecendo. Domingos parecia não acreditar em que seus olhos viam.

Iana se lembrou de que Ricardo tinha pedido água e que na euforia não pegou.

— Ah, meu Deus! A água. Vou pegar! — disse Iana.

— João, pega um pouco de água para nós! — pediu Silvana.

João saiu para pegar a água.

— Onde estamos? — perguntou Ricardo ainda um pouco zonzo.

— Se acalme! — disse Iana.

— Estão seguros — disse Domingos.

— Estamos na casa de amigos. Eles nos acolheram quando eu mais precisei — explicou Iana. — Estamos na Vila de Santo Antônio.

— Nos arredores — disse João voltando com a água.

Entregou a caneca para Iana, que começou a dar a água para Ricardo.

— Eles são nossos amigos. São anjos na nossa vida. A dona Silvana e o seu Domingos são casados e donos da casa, o João é filho deles. Ainda tem o seu Filipe e o Atanásio, filho dele. Não moram aqui, mas estão sempre conosco.

Os três sorriram. E Ricardo agradeceu assentindo com a cabeça.

— Meu filho, se sinta em casa — disse Silvana. — Conversem e descansem.

Silvana, Domingos e João saíram. Deixaram os dois a sós. A infecção havia melhorado, e a febre, cedido.

— Não podemos ficar aqui. Temos que ir embora, Iana! — disse Ricardo.

— Ainda não, você precisa ficar melhor.

—Essas pessoas não têm culpa de nada, e não sei o que Navalhada pode fazer a eles se nos encontrarem, ou até mesmo o Bando dos Sete. Meu pai deve estar atrás de nós.

— Está. E é por isso que vamos ficar aqui, escondidos, até você melhorar.

54 Cai o Rei do Ouro

Sebastião não sabia o paradeiro de Navalhada desde o início da tarde, quando saiu para comprar o cigarro de palha que fumava. A noite começava a cair na vila. Por isso, começou a se arrumar para o banquete. Havia saído mais cedo e conseguido encontrar uma roupa decente para comparecer ao jantar. Era convidado do governador e, por isso, não poderia ir vestido de qualquer jeito.

— Vai ver que encontrou alguma coisa e ficou por lá mesmo — disse Sebastião inventando uma desculpa para justificar o sumiço repentino de Navalhada.

Terminou de se arrumar, passou uma colônia barata e desceu as escadas da hospedaria. Saiu e ganhou a rua rumo à Câmara da vila. Seria lá o banquete de recepção ao governador. Caminhou lentamente pelas ruas, pois estava com tempo. Observou a vila enfeitada e o povo festivo, que, pela ilustre visita, ia encontrando pelas ruas de chão batido, ornadas com arcos de flores e laranjas.

Tudo parecia normal. As tochas iluminavam seu caminho. Atravessou o adro; no caminho, cruzou com dois oficias dos Dragões Reais, que faziam a guarda no entorno da Câmara, cumprimentou-os e seguiu adiante. Por um momento pareceu se lembrar do rosto de um deles, mas não sabia de onde, apenas sentia que já o tinha visto. Distraído, esbarrou-se no busto de Antônio Bicudo e, depois, com todo o monumento dos fundadores. Olhou com desdém para os bustos daqueles três homens. Pensou que no meio do adro, em Vila Rica, deveria ter um busto em sua homenagem, por tanta coisa boa que fazia para aquela terra e aquela gente ingrata. Quando viu, estava na escadaria que dava acesso à entrada da Câmara.

Não se sentia culpado por dar uma pausa nas buscas pela escrava fujona. Sabia que jantar com o governador era avançar no terreno da política com Portugal e com a ambição de poder, que sabia que Dom Pedro tinha. Nas portas de entrada, Dragões Reais faziam a guarda. Junto com ele, outros convidados chegavam. Capitão Fialho recepcionava a todos com simpatia. Quando Sebastião de Sá entrou, foi recebido por João Ferreira, que estava a sua espera.

— Seja bem-vindo, Dom Sebastião — disse João Ferreira.

— Obrigado! — disse entrando no salão inferior da Câmara.

Muitos nobres se aglomeravam no salão; tomavam vinho, servido pelos empregados da Câmara. Tudo muito chique, com muito luxo, que ele só encontrara na corte portuguesa e há tempos não via na colônia.

— O governador já está entre nós? — perguntou Sebastião.

— Está lá em cima. Não demorará a descer. Está acertando os últimos detalhes antes do jantar — explicou João Ferreira. — Se o senhor me dá licença... Preciso receber outros convidados.

João Ferreira deixou Sebastião sozinho e foi ajudar na recepção das pessoas que estavam chegando.

Bola de Sebo e Padre Basílio tomavam animadamente seu vinho.

— Não vejo a hora de subir para esse jantar — disse Bola de Sebo.

— Confesso que estou ansioso pelo banquete. Passei o dia inteiro sentindo o cheiro gostoso dessa comida. Provavelmente estará uma delícia — disse Padre Basílio. — Estou propenso a cometer o pecado da gula.

Os dois riram. Todos da comitiva e os convidados já estavam no salão inferior. Não tardou, Dom Pedro, o senhor governador, apareceu no alto da escada. O burburinho sessou e todos olharam para ele.

— Sejam bem-vindos! Subam, um jantar nos espera! — disse Dom Pedro.

Os convidados subiram seguindo o ilustre visitante. Em um salão superior, uma grande mesa foi montada e ornada com a mais bonita porcelana encontrada na região e com a prataria vinda de Portugal. Tudo de muito bom gosto. As velas nos castiçais iluminavam os rostos dos convidados. Acima de suas cabeças, dois candelabros ajudavam a iluminar o ambiente, com uma luz alaranjada, quente e acolhedora. Em volta, perto das janelas, soldados dos Dragões Reais faziam a guarda e protegiam os convidados e o governador. João Ferreira trocou olhares com Dom Pedro e, logo depois, aproximou-se de Sebastião de Sá.

— O senhor poderia me acompanhar? — perguntou João. — Dom Pedro gostaria que o senhor se sentasse à mesa em um lugar melhor.

Sebastião acolhia a todas as vontades do governador sem se questionar. Estava sentando em um lugar privilegiado. O lugar era longe das portas e janelas, sentiria calor, mas estava na reta da visão do governador. Certamente, seria percebido e lembrado o jantar inteiro. Aquilo mexia com o ego de Sebastião. Ele se sentia importante aos olhos de Dom Pedro.

Dom Pedro sentou na ponta da mesa; do seu lado direito, Dom Martiniano; e, espalhados pela mesa, Bola de Sebo, Padre Basílio, Capitão Antunes e todos os outros convidados e a nobreza, que acompanhava o governador em sua jornada rumo a Vila Rica. João Ferreira era o único que não estava sentado. Estava fora da mesa, com os soldados. Sebastião olhava atentamente tudo. Novamente, aquela sensação de já ter visto o Dragão Imperial, que estava próximo à porta, que fora trancada após a entrada dos convidados.

Do lado dele estava sentada uma senhora. Parecia uma condessa, provavelmente estava na comitiva.

— Precisa disso tudo? — comentou Sebastião, quase em um sussurro. — Somos pessoas de bem!

A senhora olhou para ele antes de responder, como se tentasse fazer um reconhecimento: se era nobre ou um pobre convidado.

— Existe muita gente importante reunida. Nunca é demais estarmos bem resguardados... — disse ela, voltando a olhar para frente.

A atenção de todos voltou-se para a ponta da mesa quando o próprio governador bateu com a faca de prata na taça de champanhe, que estava a sua frente.

— Antes de servirmos a comida, gostaria de fazer um brinde! — disse com sorriso nos lábios.

Todos se levantaram. Quase no final da mesa, estavam juntos Bola de Sebo e Padre Basílio, que se levantaram por último.

— Como sempre, ele atrasando a comilança — sussurrou Bola de Sebo no ouvido do padre.

Na outra ponta, Dom Pedro já erguia sua taça de cristal. Os outros convidados seguravam a taça esperando o brinde para poder erguê-las.

— Quando Dom João V, El-Rei de Portugal e deste chão, designou-me como governador da Capitania de São Paulo e das Minas do Ouro, pediu que eu estancasse uma ferida aberta por onde o ouro se esvai. Dizia ele "precisamos de alguém que contenha essa ferida..." Pois bem, estou eu aqui nas terras da colônia, de vila em vila, visitando, conhecendo e aprendendo um pouco sobre vocês — disse Dom Pedro, de uma forma enigmática.

Os convidados olhavam para ele sem entender nada. Sebastião sentia certo desconforto com o discurso que o governador fazia.

— Existe uma ferida aberta onde o ouro se esvai. Precisamos de alguém que contenha essa ferida. Mas hoje estamos aqui para festejar. E queria fazer um brinde à esperteza! — disse Dom Pedro, olhando para alguns rostos na mesa. — É isso mesmo que escutaram. Um brinde à esperteza dos homens que pensam que podem enganar a Coroa Portuguesa.

Sebastião começou a ficar ainda mais incomodado com aquele discurso. Dom Pedro sentia prazer na tortura psicológica que fazia. Todos à mesa se entreolharam sem entender nada. Até a senhora da nobreza ao lado de Sebastião, que só olhava para frente, passava a encarar outros rostos à procura de quem o governador estava falando.

— Vosso Rei espera que todos estejam comprometidos com os ideais de Portugal e que sejam fiéis à causa de El-Rei. Por isso me nomeou para governar a capitania do ouro. E já aviso que nada passará incólume aos meus olhos e aos olhos de meus homens.

Dom Martiniano olhava atentamente para o governador. João Ferreira prestava atenção nas reações na sala. Estava em alerta para caso alguém atentasse contra a vida de Dom Pedro. Bola de Sebo estava cada vez mais impaciente ao lado do padre Basílio.

— É impressão minha ou esse é o brinde mais estranho de que já participei? — sussurrou no ouvido do padre.

— Fica quieto! — sussurrou, brigando com Bola de Sebo.

Na outra ponta da mesa, Dom Pedro seguia com o brinde.

— Meus homens, com a infantaria dos Dragões Reais, prenderam o famoso Bando dos Sete, que vinha aterrorizando a todos com seus assaltos.

Uma salva de palmas começou timidamente e, depois, foi ganhando força. Sebastião de Sá batia palma, mas sem tanto entusiasmo. Dom Pedro agradeceu e depois fez sinal com as mãos para que as palmas parassem.

— Confesso que Deus tem sido muito benevolente comigo, visto que me entregou de mão beijada outro problema que a coroa estava enfrentando: o desvio de ouro.

Sebastião de Sá sabia que alguma coisa tinha vazado. Todos se olharam. Bola de Sebo sentou. Padre Basílio continuava prestando atenção na ponta da mesa, onde estava Dom Pedro.

— E a essa esperteza, que se julga maior, gostaria de fazer um segundo brinde — continuou o governador. — Um brinde a Sebastião de Sá, homem a quem a coroa confiou muitas terras e que se mostrou um perfeito exemplo de como o Rei está mal servido de homens leais à sua causa.

Sebastião suava frio. O coração batia aceleradamente. Sua cara ficou quente, com o sangue que subia, revelando sua vergonha. Olhou para os lados. Quem o conhecia o encarava denunciando que era ele o homem citado pelo governador. Não tardou muito para que todos os olhares estivessem voltados para ele.

— Hoje mais cedo, prendemos seu capitão do mato, o Navalhada, não é esse o nome dele? Acredito que deve ter sentido falta dele, não foi? Estava conosco. Batemos um longo papo durante a tarde — disse Dom Pedro ironicamente. — Sabe, ele me confirmou tudo o que já sabia sobre o contrabando do ouro. Tudo. Os santos, a capela e o ouro. A farsa acabou Sebastião de Sá! Acabou!

Bola de Sebo, que havia se sentado, levantou em um pulo. Padre Basílio, Capitão Antunes, Dom Martiniano, não acreditavam no que estava acontecendo.

Os guardas imperiais já estavam próximos de Sebastião, que percebeu a aproximação, mas não tinha forças para reagir a nada naquele instante. Sua cabeça agora estava a mil. Os Dragões Reais cercaram-no. A senhora, que estava ao lado dele, até se afastou, com medo.

— Mas isso é uma calúnia! — disse tentando se defender e se soltar dos guardas.

— Não é o que diz o seu lacaio e os integrantes do Bando dos Sete. Não foi difícil fazê-los abrir o bico — disse o governador bebericando um pouco do vinho de sua taça. — É impressionante o que as pessoas fazem para livrar seus pescoços. O seu lacaio, aquele degenerado, não pestanejou na hora de te delatar em troca de continuar vivo.

Bola de Sebo não piscava os olhos. Sebastião de Sá tentava a todo custo se livrar dos guardas. Não podia ser preso desse jeito. Era um fidalgo, um homem com bens, poder e muito ouro para comprar a índole de quem quisesse.

— Qual o seu preço? — perguntou ao governador. — Não posso ser preso. Tenho uma reputação a zelar.

— Preço? Não tenho preço. Defendo cegamente os interesses de El-Rei. Coisa que você deveria ter feito. Por isso, eu, Dom Pedro de Almeida Portugal e Vasconcellos, Senhor Capitão-General, terceiro Conde de Assumar, Vice-Rei da Índia, o terceiro de minha família para essa posição, o Marquês de Castelo Novo e o primeiro Marquês de Alorna e seu novo soberano, designado pelo Rei de Portugal para o governo-geral da província de São Paulo e das Minas do Ouro, declaro-o culpado, Sebastião de Sá. Que, em breve, ele e os outros sejam levados à forca!

Sebastião de Sá parou de tentar se soltar e ficou quieto, parado. Suas mãos tremiam, os pelos estavam arrepiados.

— Está tudo documentado, Sebastião de Sá. Está tudo documentado. A farsa caiu — revelou Dom Pedro enquanto os guardas retiravam Sebastião do recinto — Ah! E não se preocupe com a hospedaria, meus guardas te levarão ao seu novo aposento até o dia de executarmos a sua sentença, que não demorará muito. Sou rápido em resolver os problemas, por isso a coroa me nomeou. Aliás, a roupa nova vai combinar bem com a cor cinza das grades.

Os guardas levavam Sebastião, segurando-o pelos braços. Os convidados acompanharam com o olhar.

— Ah! E convido a todos para o enforcamento em praça pública — disse o governador.

E, erguendo sua taça, sendo seguido pelos outros, disse:

— Agora um brinde aos espertos.

Todos gritaram "saúde", um pouco atônitos com o que acabaram de presenciar. Brindaram sem tanta pompa e se sentaram para o jantar. Estavam sem graças, não acreditando no que tinha acabado de acontecer. O Capitão Fialho tentava trazer de volta a alegria com que os convidados chegaram para o banquete. Dom Pedro sentou-se triunfante. Estava realizado.

Bola de Sebo pegou um caderno de anotações e começou a escrever. Padre Basílio o viu colocando no papel as primeiras linhas.

— Agora não é hora, Bola! — disse o padre Basílio.

— Mas eu preciso relatar — insistiu Bola de Sebo.

— Não acha que o banquete ficou amargo demais pra relatar esses fatos no Diário de Viagem do governador?

— É, você tem razão — admitiu Bola de Sebo.

Bola de Sebo arrancou a página e a picotou. Depois se levantou e foi até um vaso de flores, que estava atrás deles, enfeitando o ambiente, e, sem que ninguém percebesse, jogou os papeizinhos dentro, voltando para seu lugar na mesa.

55 Sonho do governador

Sua pele branca parecia que ia derreter. O sol escaldava e nenhuma sombra para se proteger. O chão árido aumentava ainda mais o calor.

Sem saber de onde, surgiu um cavalo branco correndo a sua frente, distante. Tinha uma corda amarrada a seu pescoço. Viu que um homem era puxado pelo cavalo. Agora corria, tentava a todo custo alcançar o animal para que pudesse soltar o homem preso na corda. De alguma forma, sentia que era alguém conhecido. Já o tinha visto em algum lugar.

Tentava a todo custo alcançar o cavalo, mas suas pernas pareciam não obedecer. Queria impedir que o homem fosse morto. Mas, antes que pudesse socorrer o homem, que estava preso ao cavalo, escutou uma voz firme, poderosa, feminina, a qual só ele escutava; sabia que vinha dela, mas ela não mexia sua boca para falar.

— Pedro, desejo que os seus julgamentos sejam mais justos — disse a voz.

Dom Pedro levantou o olhar e viu uma mulher vestida de branco, um branco límpido, puro, imaculado. De sua cabeça, pendia um véu, e seu olhar era sereno.

— Pedro, julgamentos justos e mais humanos, é o que desejo, meu filho — disse a voz.

Ele tomou coragem de se aproximar dela. Mas, quando começou a andar na direção da mulher vestida do branco mais puro, acordou atordoado.

Olhou a sua volta e viu que dormia em um dos quartos da casa do Capitão Antunes. Lembrou-se de que estava nas terras da colônia. Aos poucos, foi se localizando.

Tentou dormir novamente, mas não conseguiu pregar os olhos. Depois de algum tempo, levantou e foi até o oratório no corredor da casa. A luz das velas acesas no pequeno altar com imagens de vários santos e de Nossa Senhora da Conceição, iluminavam o espaço próximo.

Por um instante, Dom Pedro trocou olhares com a imagem de Nossa Senhora. Por um instante, passou-lhe uma lembrança. Sentia-se estranho, diferente, desde a hora do banquete. As chamas crepitavam iluminando o rosto dele. Encarou a imagem.

— Não me desampare!... Preciso que conduza minha mão e os meus pensamentos — fez sua prece.

Quando terminou de fazer o sinal da cruz, ouviu o barulho da porta do quarto de Paes Veloso se fechando. Quando virou, seu chefe de comitiva estava se arrumando, segurando sua bolsa de couro, pronto outra vez para seguir viagem. A cara dele ainda era de sono, de quem não dormiu uma noite inteira. Mas era preciso seguir até Paraty para buscar as bagagens mais pesadas.

— Aconteceu alguma coisa, Excelência? — perguntou Paes Veloso preocupado. — O jantar não lhe fez bem?

— Não, muito pelo contrário. Os peixes estavam deliciosos! Uma maravilha! — exclamou Dom Pedro, sem falar muito alto para não acordar os outros. — Em meses não comia uma comida tão gostosa. Tinha um gosto quase divino!

— E ficou ainda mais saborosa depois que desmascaramos o rei do ouro! — disse Paes Veloso.

Os dois riram. Paes Veloso ajeitou sua bolsa no ombro.

— Meu senhor, eu estou seguindo agora para o porto de Paraty. Vou com o destacamento de cativos para pegar as bagagens que ficaram por lá a nossa espera — explicou Paes Veloso ao governador.

— Por favor, sem atrasos — sussurrou. — Não quero ficar por aqui mais do que o necessário.

Antes que Paes Veloso saísse, Dom Pedro ficou quieto e pensativo. Sabia que, com a ida dele para Paraty, ficaria sem seu braço direito nessa jornada; porém poderia contar com João Ferreira para organizar a execução dos criminosos e malfeitores que prendera. Teriam tempo suficiente para isso. Quando voltasse, seguiriam imediatamente com toda a comitiva para Vila Rica.

— Está preocupado com algo? Se precisar eu fico para organizar a execução dos presos — disse Paes Veloso.

— Não é necessário, meu caro. João Ferreira dá conta do recado.

— Então até breve — disse o chefe da comitiva, saindo. — Quando voltar, já terá dado conta dos presos; se bobear, terá arrumado mais alguns para julgar, enforcar e assim passar o tempo.

— Sim, teremos... — disse o governador ainda pensativo.

Paes Veloso já descia a escada quando Dom Pedro surgiu no alto.

— Não se atrase! — falou um pouco mais alto.

Paes Veloso, quase atravessando a porta, parou, por um instante, e avistou Dom Pedro no alto da escada.

— Não me atrasarei. Esteja pronto para seguir viagem no dia que combinamos — disse ele.

Paes Veloso passou pela porta e, logo em seguida, trancou.

Saiu rumo a Paraty.

56. Luz sobre as trevas

Os dias, que se seguiram, ainda continuavam tenebrosos para a Vila de Santo Antônio. O governador ainda estava em visita e, a cada dia, prendia um e executava outros tantos, fazendo seus julgamentos rápidos, sem apuração dos fatos, baseados apenas em falsas afirmações. Era a Coroa sendo a Coroa, e Dom Pedro de Almeida fazendo com que os bandidos fossem extirpados da colônia.

Aos poucos, Iana foi contando para Ricardo o que tinha acontecido e quem era realmente o pai dele. Mostrou as cartas e revelou que Sebastião de Sá, junto com Navalhada, contrabandeava o ouro da Coroa Portuguesa. Ricardo entendia agora por que o pai dele fez tanta questão de uma nova rota. Queria que fosse mais fácil escoar o ouro por outra estrada, que não fosse a oficial, para não ter de passar por tantos entrepostos cheios de oficiais dos Dragões Reais.

Os dois estavam sentados na porta da choupana, quando Atanásio chegou da Vila.

— Escutei que o governador prendeu um português rico lá das bandas de onde vocês vieram — contou o menino. — E já estão planejando o enforcamento dele e mais sete outros agora de tarde no adro da igreja.

Silvana, que estava fazendo a comida e escutou o sobrinho chegar, deixou tudo e foi ao encontro dele. Os outros tinham saído, assim que o dia raiou, para pescar e até então não haviam voltado.

— E como era esse português? — perguntou Ricardo, querendo não acreditar que pudesse ser seu pai. — Você chegou a ver ele?

— Não, não cheguei, só ouvi os boatos, na verdade... — disse Atanásio, triste por não saber descrever como era o homem. — Mas escutei dizer que prenderam o feitor dele também. E me disseram que ele tinha um monte de cicatrizes no braço.

— Navalhada! — disseram juntos, Iana e Ricardo.

— Isso mesmo! O homem tinha um nome estranho mesmo — disse Atanásio.

— O outro homem só pode ser seu pai, meu amor — disse Iana.

— Meu Deus, quanta desgraça esse metal traz para as pessoas — disse Silvana. — Que Nossa Senhora Aparecida seja luz na vida dessas pessoas. Meu filho, que tristeza...

Ricardo se levantou em um pulo.

— Eu vou atrás do meu pai — disse Ricardo, decidido.

— Você está ficando louco? Esqueceu que o Bando dos Sete está atrás de nós? Seu pai e o Navalhada podem estar presos, mas o bando ainda não.

— Ouvi falar que prenderam um bando que assaltava o ouro de Dom João. Será que é o mesmo bando?

— Você anda muito bem informado, rapazinho — disse Silvana.

— Mesmo assim. E se a coroa também estiver atrás de você? Pode ser perigoso ir na praça — insistiu Iana.

Mas Ricardo estava decidido a ver o pai. Queria ouvir de sua boca que fazia contrabando com o ouro que extraía.

— Meu amor, é meu pai. Preciso falar com ele antes que seja enforcado. Preciso arrumar um jeito de chegar até a câmara... — disse Ricardo um pouco desesperado.

— Acho que sei como chegar — disse Atanásio.

João guiou a carroça pelas ruas de chão batido da vila. Na frente, estavam Silvana e Atanásio; atrás, Domingos, Filipe, Iana e Ricardo. Arrumaram uma capa e um chapéu para disfarçarem Ricardo e para Iana encontraram uma capa com capuz, de forma que não vissem muito seu rosto. No céu, as nuvens empreteciam o tempo e deixavam tudo mais soturno e triste. A tarde estava mais sombria.

A carroça balançava sacudindo quem estava na carroceria.

— Consegui descobrir onde está seu pai — disse João, olhando para trás. — Soube que ele está em uma cela nos fundos da Câmara. Podemos te dar cobertura.

— Obrigado, João! — disse Ricardo.

— Meu amor, me promete que não vai cometer nenhuma loucura? — pediu Iana.

— Prometo.

Não tardaram a chegar à área central da vila, onde ficavam a igreja e a Câmara. Os arcos, que enfeitavam, ainda estavam de pé. As flores já murchavam, com o passar do tempo, e as laranjas não estavam tão viçosas. O adro da igreja estava movimentado, quando chegaram de carroça próximo à Câmara. Iana, Silvana e Atanásio desceram e se misturaram no meio da multidão, que começava a se aglomerar. O povo queria ver o espetáculo que o governador daria ao enforcar oito criminosos ao mesmo tempo.

João e Ricardo desceram a rua na frente da Câmara e, furtivamente, foram para um beco atrás do prédio. O pescador conhecia muito bem aquele lugar, pois esteve lá dias atrás, com o seu pai, entregando as sacas com peixes para o cozinheiro mal-humorado. Ricardo estava alerta, vigiava se não havia ninguém atrás deles.

Brasil, Colônia de Portugal 1717

— Não seremos incomodados. Quase ninguém entra aqui — disse João, tranquilizando Ricardo.

A atenção das pessoas estava no adro. Bem ao longe, eles escutavam a fanfarra tocar uma música fúnebre em virtude do enforcamento. Finalmente, conseguiram chegar até os fundos do prédio da Câmara. No alto, uma abertura levava ar e luz à cela onde estava Sebastião de Sá. Os dois pegaram uns caixotes e amontoaram, de forma que Ricardo pudesse alcançar a abertura na parede. Para não chamar atenção, Ricardo pegou um cascalho no chão e jogou. Conseguiu acertar a abertura. Não tardou muito e Sebastião apareceu. Estava todo sujo, com um ar cansado. Desde sua prisão, não dormia direito. Seu semblante era de um derrotado em batalha. Sabia que tinha perdido a guerra e seria dentro de alguns instantes enforcado por sua traição.

Ricardo então tirou o chapéu. Quando viu, Sebastião parecia não acreditar.

— Ricardo? — disse ele espantado.

Ele subiu nos caixotes e alcançou a altura da grade. Estava cara a cara com o pai.

— Meu filho, por que veio aqui? — disse ele com tristeza. — Não queria que me visse nessa situação.

— Vim, porque tinham coisas pendentes a resolver. E agora isso? Um contrabandista da Coroa — disse bruscamente.

Sebastião sentia vergonha. Nunca imaginou que seria pego. Sua reputação foi jogada na lama.

— Nunca aprovei seus métodos. Sempre me vi entediado e frustrado com a forma que lidava com quem trabalhava para o senhor. E agora me envergonha saber que o senhor roubava o ouro da Coroa pra seu próprio benefício — disse com raiva.

— Não seja tão ingênuo, Ricardo! — disse levantando a voz. — O Rei não tem pena do povo.

— E quando o senhor teve? Maltratava os cativos. Mesmo que não fosse por suas mãos, fazia vista grossa para as surras que Navalhada dava nos negros.

Sebastião abaixou a cabeça, não queria encarar o filho. Não queria que ele visse a vergonha, que sentia, estampada em sua cara. Seu semblante denunciava o arrependimento que sentia em seu coração.

— Mas eu te perdoo — disse Ricardo com a voz embargada.

Quando escutou Ricardo dizer que lhe perdoava, ergueu sua cabeça novamente. Sebastião tinha os olhos marejados.

— Te perdoo, meu pai. Perdoo todo o mal que você fez aos escravos, a mim, me jogando num casamento que não quero. Espero que Deus tenha piedade de ti! — disse Ricardo.

Ele estava destruído por dentro. Sabia que seu pai não era mais o herói que ele tanto amava. Sabia que seu pai manchou a honra dos de Sá. Mais do que isso: sabia que não poderia salvar seu pai do enforcamento.

— Meu filho, me desculpa por não ser o melhor pai. A ambição me cegou. Vivia numa escuridão sem-fim até que você abriu meus olhos e trouxe luz de volta para a minha escuridão. Obrigado — confessou Sebastião.

Lágrimas escorreram dos olhos dos dois. Eles tentaram, de alguma forma se abraçar, com uma grade entre eles. Sebastião ouviu alguém vindo para abrir a cela.

— Os guardas estão vindo! Agora vá! — sussurrou Sebastião.

Ricardo não saiu. Ficou ali parado.

— Vá meu filho! Não quero que seja preso comigo. Vá! — insistiu Sebastião.

Ricardo desceu dos caixotes e, quando estava no chão, escutou os guardas tirando Sebastião, à força, da cela.

Na praça, Iana viu os Dragões Reais passando do seu lado, conduzindo os homens do Bando dos Sete, mas não viu o Espanhol. Em seguida, outros dois guardas passaram com Navalhada e Sebastião de Sá. Ela escondeu o rosto para que não fosse vista nem reconhecida por nenhum deles. O adro já estava muito mais cheio do que quando chegaram. O povo esperava ansiosamente o espetáculo que as autoridades dariam ao enforcar todos os homens. Cada um deles foi conduzido até o patíbulo onde seriam enforcados. O carrasco já esperava para posicionar cada um em sua corda e, depois, no momento derradeiro, puxar a alavanca que os deixariam no ar agonizando.

— São aqueles lá que estavam te perseguindo? — perguntou Silvana para Iana.

— Sim! E o do meio é o pai do Ricardo — revelou Iana.

Todos estavam com suas mãos amarradas por cordas. Estavam lado a lado. Cada um debaixo de um laço de corda. O carrasco colocou a corda em volta do pescoço de cada um. Sebastião de Sá olhava a multidão, tentando encontrar Ricardo.

— Eu sou inocente. Diz pra eles patrão! — gritava Navalhada desesperado ao lado de Sebastião.

Do lado deles estavam os homens do bando dos Sete. Quietos, incólumes à espera da sentença.

Ricardo e João caminhavam entre as pessoas procurando por Iana, Atanásio e Silvana. Viram, de longe, a capa, que Iana estava usando, próxima ao monumento dos fundadores. Apertaram o passo para chegar, logo, perto dela e dos outros. Domingos e Filipe já estavam perto delas quando os dois chegaram. Ricardo deu um beijo em Iana quando chegou. Estavam lado a lado. Iana deu a mão a Ricardo. Atanásio viu o pai e se aproximou para ficar perto dele e do tio.

— Por que estão demorando a seguir adiante com o enforcamento? — perguntou Atanásio ao pai, sem que Ricardo escutasse.

— Estão esperando o pronunciamento do governador. Ele é o juiz que sentenciará e autorizará a execução — disse Domingos, ao escutar a pergunta do sobrinho.

Brasil, Colônia de Portugal 1717

— Dizem que ele vai fazer isso e partir rumo a Vila Rica — disse Filipe.

— Já vai tarde! — exclamou Domingos.

De repente, escutaram a porta da sacada do segundo andar da Câmara se abrir. Dela saiu o governador, Dom Pedro, e o capitão-mor Antunes Fialho.

A multidão se calou e olhou para trás. Todos queriam ver o governador em pessoa. Ele então se aproximou do gradil, olhou para os criminosos e depois para o povo.

— Eu, Dom Pedro de Almeida Portugal e Vasconcellos, Senhor Capitão-General, terceiro Conde de Assumar, Vice-Rei da Índia, o terceiro de minha família para essa posição, o Marquês de Castelo Novo e o primeiro Marquês de Alorna e seu novo soberano, designado pelo Rei de Portugal para o governo-geral da província de São Paulo e das Minas do Ouro, sentencio esses homens — disse o governador com força.

O povo esperava pacientemente sua decisão. Os olhos estavam fixos no governador.

— O Bando dos Sete, por saquear carregamentos de ouro da Coroa Portuguesa, por todos os atos de desordem, pelo fato de deixarem o povo aterrorizado com seus saques, além de juntos provocarem a morte de várias pessoas, e não foram poucas, sentencio com a morte por forca. Inclusive o que conseguiu escapar, mas que o pegaremos! Ou não me chamo Dom Pedro de Almeida Portugal e Vasconcellos — disse o governador com firmeza.

A multidão aplaudiu a decisão de Dom Pedro.

— Já Sebastião de Sá e José de Castro, mais conhecido como Navalhada, a sentença foi alterada. Seu julgamento será em Vila Rica.

A multidão vaiou. Ricardo e Iana se entreolharam. Os pescadores estranharam a atitude do governador.

— Parece que serão justos! — disse Silvana.

— Silêncio! — gritou um guarda dos Dragões Reais, que faziam a guarda e mantinham o povo em ordem.

— Fiquem calmos que ambos receberão a punição que lhes cabe, por tudo o que fizeram e pelas mortes que causaram, principalmente por roubarem descaradamente o ouro de Dom João V, El-Rei.

— Que assim seja feita a vontade do governador que representa El-Rei, Dom João V, nesta capitania — disse o Capitão Fialho.

A multidão aplaudiu. Ricardo e os outros olhavam sem reação. Ricardo viu esperança de seu pai não ser morto. Não sabia o que poderia ser melhor: seu pai sendo enforcado ou apodrecendo em uma cela em Portugal. Entretanto torcia por um julgamento justo.

— Soldados! Levem os dois para a carroça com jaula — ordenou Dom Pedro.

Os soldados subiram rapidamente no patíbulo, retiraram Sebastião e Navalhada dos laços e os carregaram para a carroça com jaula. Depois de ver que os soldados foram retirar os dois, Dom Pedro saiu da sacada.

Enquanto os guardas conduziam os dois para a carroça, os outros integrantes do Bando dos Sete receberam sua sentença. Enquanto Silvana e os outros viraram a cara para os homens no patíbulo sufocando, Iana olhava firmemente para os enforcados. De certa forma, estavam fazendo justiça a todo mal que fizeram a seu irmão. A punição que eles estavam sofrendo não traria seu Malik de volta, mas aliviaria um pouco a dor que sentia. Esperava agora que a sentença para Navalhada e Sebastião de Sá fosse justa. Não mereciam morrer. A morte seria muito boa para eles. Desejava que mofassem em uma cela, que fossem tratados do mesmo jeito, que tratavam os escravos, e que nunca mais pudessem ver a luz do dia.

Quando Ricardo voltou seu olhar para frente, viu que Iana não estava mais do seu lado. Paes Veloso chegara com as bagagens mais pesadas e esperava pela saída de Dom Pedro. Do lado de fora da Câmara, a comitiva começava a se organizar para que pudessem seguir viagem rumo às Minas.

— Vamos homens! O governador não quer atrasos — gritou Paes Veloso para os negros.

Os negros levaram a cadeirinha, para que o governador pudesse seguir viagem sendo carregado. Bola de Sebo e Padre Basílio saíram da Câmara e carregaram seus cavalos com suas bagagens. Um dos índios carijós, que estava na comitiva, ajudou Padre Basílio a subir no cavalo. Depois segurou o cabresto do cavalo de Bola de Sebo para que ele pudesse montar.

Sebastião de Sá e Navalhada já estavam sentados na carroça. Pareciam animais presos na jaula. Uma mulher de capa com capuz apareceu ao lado da jaula, onde os dois estavam.

— Você aqui? — disse Navalhada, espantado.

— Estarei nas suas piores lembranças, nos seus pesadelos... — disse Iana. — Vou te atormentar em qualquer lugar que você estiver.

Sebastião de Sá olhava atônito para Iana, que estava diante dele, do lado de fora da jaula. Esfregou os olhos pensando ser uma alucinação, mas ela continuava a sua frente. Começou então a murmurar palavras ao vento feito um louco.

Iana então bateu na traseira de um dos cavalos que estava puxando a carroça. Ele começou a se movimentar e a carroça andou. A comitiva também começava a seguir viagem. Sebastião grudou na grade traseira da jaula para ver se era verdade que Iana estava ali. Entretanto, da mesma forma que ela também apareceu, sumiu do nada. Pensou que estivesse ficando louco.

57 O segredo está no fogo

A carroça entrou na estrada, que dava acesso ao povoado dos pescadores. Silvana estava sentada na frente, no banco do cocheiro, junto de seu filho e de Atanásio. João guiava a carroça. Filipe e Domingos estavam atrás. Vinham pensativos, calados, no ritmo dos solavancos da carroça.

Iana também estava na parte de trás, abraçada com Ricardo. Ela pensativa, e ele triste pela prisão de seu pai e por tudo de mal que ele fez. Sebastião de Sá estava preso e fadado a um julgamento que poderia levá-lo a uma execução sumária por sua traição, porém agora teria um julgamento justo, uma chance de se explicar e pedir perdão por todos os seus pecados.

Todos estavam em um silêncio quase sepulcral, não fosse pelo ranger das rodas da carroça. O semblante de Silvana era mais tranquilo, agora que as coisas estavam se resolvendo. Ela sabia que agora tudo ficaria bem e que seus novos amigos poderiam seguir em paz em sua jornada. Não teriam mais ninguém no encalço, caçando-os, querendo ceifar suas vidas.

Olhou para trás e viu o jovem casal apaixonado: ela cuidava dele, com todo carinho, passava a mão em seus cabelos castanhos. Silvana, ao ver aquele gesto, lembrou-se de quando ela e Domingos eram jovens apaixonados. Muitos anos depois, a paixão virou amor, cumplicidade, e juntos tinham o maior de seus tesouros, muito maior que o ouro e prata: um filho e uma família. Depois olhou para seu irmão e seu marido, dois amigos de muitos anos, viu neles uma amizade duradoura. Era o balanço da carroça que embalava os olhares de Silvana. Por fim, olhou para seu filho e seu sobrinho e sorriu. Viu neles a esperança de dias melhores no futuro daquela terra que pisavam e ganhavam o pão.

Distraída em seus pensamentos, só percebeu que já havia chegado a sua casa, quando a carroça encostou bem na frente da choupana.

Os três, que estavam na frente, desceram e entraram em casa. Filipe e Domingos ajudaram Iana a pular da carroça e depois a descer Ricardo, que tinha dificuldade em apoiar o braço, que ainda estava com a tipoia, pois a ferida da bala ainda doía. Seguiram para dentro da choupana. Iana foi direto em suas coisas e pegou o caderno com capa de couro que era de Sebastião de Sá. Encontrou com Ricardo no meio do caminho, quando estava voltando.

— Isso é seu. Pertence a você agora — disse ela entregando o caderno de couro.

— Esse caderno foi a causa da desgraça da minha família. Tanta gente que morreu por causa dele.

Silvana escutou tudo e foi ao encontro dos dois.

— Meu filho, não fala assim. Você ainda tem a nós — disse Silvana.

Ricardo pegou o caderno e abriu bem no meio. Foi até a imagem de Nossa Senhora e levou a página até o fogo das velas de cera de abelha. Por um instante, quedou-se pensativo diante da imagem. Os outros observavam o que ele estava fazendo. Ricardo ergueu o caderno e levou a página para meio no fogo. Antes que começasse a queimar, uma gravura marrom começou a aparecer, quase que magicamente.

— Para Ricardo — gritou Iana.

No mesmo instante, ele tirou o caderno do fogo e apagou a pequena chama que começava a queimar a ponta da página. Viu que algo apareceu na página do caderno, que estava em branco.

— É isso! "O segredo está no fogo!" — gritou Iana estupefata com o que acabara de descobrir.

— É o mapa da capela? — perguntou Ricardo.

— Sim, é sim! Estava escondido esse tempo todo. Seu pai dizia isso em uma das cartas que ele iria mandar para sua mãe — disse ela.

Iana pegou o caderno das mãos de Ricardo e levou-o ao fogo. O mapa escondido na página começou a se revelar. Ricardo e Silvana estavam espantados com o que estavam presenciando. Quando terminou, Iana entregou o caderno aberto para Ricardo. Ele pôde ver a totalidade do mapa, feito com tinta invisível, e a riqueza de detalhes de sua confecção. Ricardo pegou em suas mãos o caderno.

— Preciso fazer algo de bom com esse ouro — disse Ricardo com brilho nos olhos. — Vamos esperar que as coisas se acalmem e depois te alforriar e libertar outros escravos. A Chica! Precisamos ajudar Chica.

— Chica pode morar conosco, como uma mãe para nós — sugeriu Iana.

Iana deu um beijo em Ricardo, que correspondeu.

Dias depois, Ricardo já estava recuperado e pronto para seguir viagem. Ele e Iana buscariam a localização da capela com os santos e o ouro que Sebastião de Sá escondia. Depois, seguiriam até Vila Rica usando identidades falsas. Com ajuda de alguns contatos, conseguiriam resgatar Chica do casarão, que a essa altura estava sendo vigiada por oficiais dos Dragões Reais, e partiriam para outro lugar, longe das garras do governador e da Coroa Portuguesa.

Iana e Ricardo estavam diante da imagem de Nossa Senhora, aparecida nas redes de seus amigos pescadores. Silvana estava entre eles com suas mãos no ombro de cada um.

— Que ela proteja e abençoe vocês dois e os caminhos que irão trilhar — disse Silvana.

Eles se entreolharam. Silvana se afastou e foi para perto de Domingos.

Ricardo fez o sinal da cruz e percebeu que Iana o olhava fazer, mas não sabia repetir. Ele segurou a mão direita dela e tentou ensiná-la.

— É assim: a mão direita na sua testa, depois na sua barriga, sobe para o ombro esquerdo e depois para o direito. Agora faz! Repete comigo.

Iana colocou a mão direita na cabeça.

— Em nome do Pai... — disse Ricardo.

— Em nome do Pai — repetiu Iana.

Brasil, Colônia de Portugal 1717

— Do Filho...
— Do Filho.
— E do Espírito Santo. Amém.
— E do Espírito Santo. Amém.

Ricardo olhou-a ternamente e deu um beijo em sua testa. Os dois se aproximaram de Silvana e dos outros.

— Obrigado, dona Silvana! Muito obrigado por acreditar em nós e nos acolher na sua casa — disse Iana.

— Que Deus e Nossa Senhora abençoem vocês. Obrigado por cuidarem de mim e salvarem a minha vida.

— Meu filho, fizemos o melhor que podíamos. Deus e Nossa Senhora cuidaram do que não estava ao nosso alcance. Quem intercedeu por ti foi a Virgem Aparecida das águas — disse Silvana com um brilho no olhar. — Desejo que levem sempre ela no coração; dessa forma nunca irá lhes faltar nada, e nenhum perigo os afrontará.

Silvana abraçou os dois por um longo tempo.

— Que Deus cuide de vocês — disse Silvana se despedindo.

Os dois se despediram dos outros e saíram. Do lado de fora, o cavalo, que os levou até a casa dos pescadores, estava selado para que pudessem seguir viagem. Ricardo montou, e Iana subiu atrás. Dessa vez, ele guiaria a viagem; usaria seus conhecimentos da Escola de Sagres para poder decifrar os segredos do mapa que levava à capela com o ouro. Os dois partiram.

Silvana e os outros ficaram na frente da casa acompanhando os dois irem embora até sumirem de vista no final da estrada, que dava acesso ao povoado dos pescadores.

58 A luz começa a brilhar

Depois de alguns meses sem notícias de Iana e Ricardo, Silvana viu apontar na entrada do povoado uma carroça fechada e com coisas penduradas. Parecia uma carroça de mascate. Era conduzida por um homem pequeno e, levemente, gordo. A carroça avançava pela estrada rapidamente. Passou a ponte de pedras e logo estava na área central do povoado. Parecia ter pressa.

Silvana parou de varrer a frente da casa e ficou observando a carroça se aproximar. Os outros logo apareceram na porta da casa, ao ouvirem o som apressado do cavalo, que puxava a carroça, e foram ver o que estava acontecendo.

Quando estava chegando perto da casa dos pescadores, diminuiu a velocidade até parar totalmente.

— Por favor, onde poderia encontrar dona Silvana da Rocha? Tenho informações de que ela mora aqui — perguntou Manco.

— Sou eu mesma — respondeu Silvana.

Ele levantou, desceu mancando e se apresentou.

— Sou Manco, mascate, e nas horas vagas: mensageiro — disse um pouco ainda misterioso. — Só um momento.

Silvana e os outros esperavam. Ele voltou para perto da carroça, abriu o tampo debaixo do banco, onde estava sentado, e retirou de lá uma caixa de madeira que media aproximadamente dois palmos.

— Tenho um presente para vocês — disse Manco, entregando a caixa de madeira para Filipe, que se aproximara para pegar.

Silvana e os outros olharam a caixa sem entender nada. Quando se voltaram para Manco, ele estava tirando da casaca um rolo de papel com um selo de cera vermelha com as iniciais RS.

— Esse aqui é para a senhora — disse o mascate entregando para Silvana o rolo de papel.

Ela estava achando tudo muito misterioso e estranho. Mas, mesmo assim, aceitou o que ele levou. Antes de subir novamente na carroça, Manco fechou o tampo do banco e se virou novamente para eles.

— É de um amigo de vocês. Pediu que eu viesse pessoalmente entregar pra vocês — explicou.

— Obrigado — disse ela.

Manco subiu na carroça, bateu com o cabresto no lombo do cavalo, e, em segundos, colocou a carroça para andar novamente. Não demorou muito para alcançar a ponte de pedras e sumir da mesma forma que tinha surgido naquele lugar.

Silvana analisou o rolo com selo, viu as iniciais, mas, por não saber ler, não conseguia imaginar de quem era. Por isso, esticou o braço e entregou para Atanásio o rolo de papel.

— Tome, meu filho! — disse ela — De nós, você é o único que aprendeu a ler.

Atanásio pegou o rolo, quebrou o lacre de cera vermelha e começou a ler em pensamento. Silvana não se aguentava de ansiedade.

— Vamos, menino! Leia para nós! — exclamou Silvana, apressando Atanásio.

— É de Ricardo! O presente é dele — disse Atanásio entusiasmado.

E então começou a ler:

"Amigos, espero encontrá-los bem e com saúde. Graças à ajuda e ao cuidado de anjos, que estiveram comigo e com Iana, é que estamos vivos hoje. Estamos bem. E, aos poucos, estamos nos reerguendo pela graça de Deus. A Virgem Aparecida tem nos protegido e sentimos sua proteção a cada passo que damos. Acredito que ela esteja protegendo vocês também. Continuem rezando para que ela olhe sempre por todos nós. O Manco é um amigo, levou a mensagem e um pequeno baú de madeira. Ele é um presente para que possam guardar a pequenina imagem de Nossa Senhora da Conceição Aparecida. Mas o presente não é só isso. Abram. Com o que está dentro, poderão construir uma capelinha para ela, para que mais pessoas possam pedir graças e bênçãos e, como nós, sentir o seu Amor de Mãe.

Brasil, Colônia de Portugal 1717

*P.S. Esperamos vê-los em breve, no nosso casamento.
Saudações,
Ricardo de Sousa e Sá".*

Atanásio enrolou novamente o papel e olhou para Silvana, que estava com lágrimas nos olhos da alegria que sentia por ter ajudado os dois.

— Estão esperando o quê? Ele mandou a gente abrir o baú — falou Silvana.

Filipe destravou as travas do baú de madeira e abriu a tampa. Um brilho dourado e reluzente iluminou seu rosto. Não acreditava no que estava vendo. Mostrou para os outros. Eram pedras de ouro. Tantas, que preenchiam o interior do baú de madeira. Com elas, poderiam construir um oratório para a imagem nas margens da Estrada Real e mais, e mais pessoas poderiam pedir e agradecer uma graça alcançada à Mãe de Deus. E, assim, mais vidas iluminar.

Depois que Iana e Ricardo partiram da casa dos pescadores, seguiram viagem a cavalo pela serra, até descerem em Paraty. Com o conhecimento que Ricardo tinha sobre mapas, conseguiram encontrar o local onde ficava a capela. Por algum tempo na viagem até Paraty, Ricardo duvidou que aquela lenda, que estava escutando, fosse verdade. Quando encontraram o lugar, nem acreditaram no que seus olhos viram: uma linda capela, cercada por árvores. Ficava bem na parte central da mata.

Quando conseguiram quebrar as correntes da porta, entraram e tiveram a visão inundada por muitos santos de madeira, lindamente trabalhados. Mesmo que fossem utilizados somente para transportar o ouro contrabandeado por Sebastião de Sá, eram feitos cheios de detalhes, arte e beleza.

Ricardo achou, em meio aos santos, uma carta que revelava quem fornecia as imagens de madeira para seu pai, o qual nem desconfiava que elas tinham essa finalidade. Manco levava todos os meses até o casarão vinte imagens a pedido de Sebastião. O rei do ouro sempre alegava que seriam presentes para amigos de Portugal. Bem, essa era a história que Sebastião contava e em que Manco acreditava.

Iana pegou uma imagem e abriu. Em seus rostos, reluzia o dourado do ouro, que estava escondido dentro do santo. Como aquela, havia outras tantas espalhadas pela capela, abarrotadas de ouro.

Juntos, Ricardo e Iana começaram a planejar o que fariam com toda aquela riqueza. A Coroa Portuguesa sabia que Sebastião contrabandeara o ouro, mas não sabia onde ele estava nem quanto fora desviado. Por isso, com uma parte do ouro, compraram alforria de Chica e de Iana. Com a ajuda de Manco, Ricardo devolveu boa parte do ouro contrabandeado para a Coroa, pois tinha a clara noção de que a Coroa já era rica o bastante e de que

Brasil, Colônia de Portugal 1717

outras pessoas poderiam ser ajudadas com aquela riqueza que encontraram. Dessa forma, conseguiu um acordo para que sua família parasse de ser perseguida e assim pudesse viver livre nas terras da colônia.

Desde que foram testemunhas do início da devoção a Nossa Senhora da Conceição e passaram a chamá-la de Aparecida, Iana e Ricardo se sentiam mais próximos de Deus; por isso tinham a certeza de que a luz sempre brilharia sobre a escuridão. Sabiam que, por mais densas que fossem as trevas, mais próxima estaria vindo a Luz das Alvoradas.

***

NOTA DO AUTOR

Desde que me entendo por gente, tenho um amor imenso por Nossa Senhora. Minha mãe, minhas avós e minhas madrinhas sempre me ensinaram a amar Maria, por meio da devoção delas a Nossa Senhora Aparecida.

Com elas, aprendi um pouco a narrativa do encontro da imagem de Nossa Senhora Aparecida nas águas do Rio Paraíba do Sul. Inclusive, com minha mãe e minha madrinha, fui a Aparecida pela primeira vez; ainda me lembro da emoção de passar diante daquela pequenina imagem. O coração não cabia no peito. Nem podia imaginar que anos mais tarde estaria eu de volta, para trabalhar para Nossa Senhora, na própria casa dela.

O trabalho no Santuário Nacional me levou a reviver essa doce e rica narrativa sobre Nossa Senhora Aparecida e seu encontro, várias vezes ao longo desses anos. Foi quando comecei a me aprofundar nas minúcias que essa devoção trazia. Projetos, como a *Cerimônia do Manto*,

Luz na Escuridão

Almanaque dos Devotos, *Rezando com Maria* e a *Coroação de Nossa Senhora Aparecida*, levaram-me a fazer uma pesquisa séria, em que lia documentos, livros; com isso, mais questionamentos surgiram, pois queria entender a devoção que se iniciou naquela tarde de outubro de 1717.

Gosto de pesquisar muito antes de iniciar qualquer trabalho. Sinto-me mais preparado para construir o conceito de uma ideia de forma mais alicerçada. Então, concomitante à criação desses projetos para a TV Aparecida e para a Campanha dos Devotos, foi crescendo dentro de mim uma vontade de contar, em um romance histórico, a narrativa do encontro da pequenina imagem de Nossa Senhora da Conceição, que se tornou Aparecida.

Quanto mais pesquisava, mais queria encontrar dados que completassem as lacunas que existiam para mim na história do encontro; não para provar algo contrário daquilo que todos nós brasileiros conhecemos e amamos, mas para mostrar como o encontro da Imagem de Nossa Senhora Aparecida é algo extraordinário e maravilhoso, e que só pode ter sido ação de Deus, mostrando que o povo não estava sozinho em um período tão sombrio e tenebroso de nossa história.

Os grandes acontecimentos despertam, sempre em torno de si, os mais variados lances de interpretação e poesias. Eles jamais ficam esquecidos no vasto panorama da história... Tornam-se férteis das mais belas tradições.

Nota do Autor

Por isso comecei a planejar, de maneira descompromissada, este livro que vocês lerão. *Luz na Escuridão* é resultado da união de um desejo de contar essa história com a curiosidade de responder, de forma criativa, a algumas questões que habitavam meu pensamento, e de mostrar meu amor imenso por Nossa Senhora.

Trabalhando em Aparecida, tive muito contato com os livros que narram, de forma histórica, o encontro da imagem e com alguns outros materiais que recontam esse fato de forma ficcional. Todos eles começam do momento em que o "Conde de Assumar", que nem era conde ainda, esteve a caminho da Vila de Santo Antônio de Guaratinguetá, por isso foi preciso pescar o máximo de peixes para o banquete da comitiva dele. Por causa disso, os três pescadores saíram para pescar e encontraram a imagem de Nossa Senhora Aparecida nas águas do Rio Paraíba do Sul.

Saber sobre esses personagens, que testemunharam tal fato e tinham suas vidas cruzadas nesse momento histórico, era o que mais me instigava a contar essa narrativa em forma de romance. O que nascia, em meu coração, era a vontade de recontar a história pregressa do encontro da imagem. Queria entender de onde veio Dom Pedro de Almeida Portugal, o novo governador da capitania; quem eram os três pescadores; como era o momento histórico no Brasil colônia e por que peixes para o banquete do governador. A essas e a tantas outras perguntas tentei responder, ao contar esta história. Enquanto muitas narrativas começam com o encontro da imagem, *Luz na Escuridão* faz um retrato do Brasil colônia de 1717, mostrando o povo que aqui viveu, a exploração portuguesa de nossas riquezas, o surgimento de Dom Pedro de Almeida Portugal, que muitos conhecem por Conde de Assumar, e os caminhos que conduziram à pesca milagrosa da imagem de Nossa Senhora no Rio Paraíba do Sul.

Busquei mesclar, na história, ficção e fatos reais, visto que queria escrever um romance histórico. Por esse motivo, muitos personagens, que habitam o universo de *Luz na Escuridão*, não existiram historicamente falando. São frutos de minha imaginação, baseados em pessoas reais ou em muitos personagens históricos, que habitaram o Brasil colônia.

Tentei respeitar, ao máximo, os fatos históricos narrados acerca do encontro da imagem no Rio Paraíba do Sul, colocando a ficção a serviço da história real. Durante 3 anos, pesquisei sobre a imagem, o ciclo do ouro, o tráfico de escravos e muitos personagens que fizeram parte da narrativa do encontro e que me ligaram a outros personagens históricos.

São pessoas reais: Domingos Garcia, João Alves, Filipe Pedroso, que eram os três pescadores, Silvana da Rocha, Atanásio Pedroso, Dom Pedro de Almeida Portugal, Capitão Antunes Fialho, Dom João V, entre outros.

Nota do Autor

A linha narrativa de Dom Pedro, por exemplo, é baseada, quase fielmente, no diário de jornada do governador, que relata desde sua chegada ao Rio de Janeiro, passando por sua posse na província de São Paulo, depois pelas terras da Vila de Santo Antônio de Guaratinguetá, seguindo para Vila Rica, atual Ouro Preto. Também criei personagens como Sebastião de Sá, Ricardo, Iana, Malik, Chica, Navalhada, Manco e o Bando dos Sete, para conseguir retratar o universo em que os personagens reais viveram lá nos idos de 1700.

O livro possui três linhas narrativas: a das Minas, trama que mostra a extração do ouro e o romance entre um português e uma escrava; a de Portugal e de Dom Pedro de Almeida, que mostra as articulações políticas de Dom João V sobre suas colônias, narrativa totalmente baseada em fatos históricos; a do tempo, que mostra a vida cotidiana na Vila de Santo Antônio de Guaratinguetá. Aqui abro um parênteses: parte desta trama foi criada a partir de pesquisas históricas, que relatam como era o cotidiano dessas pessoas, e a maior parte dela foi construída, baseada na história real do encontro da imagem de Nossa Senhora.

O prólogo relata a criação da imagem de Nossa Senhora da Conceição. Em um tempo, em que ser português ou morador da colônia significava, obrigatoriamente, ser católico, muitas imagens eram esculpidas em madeira ou em barro. Julguei ser rico para o livro contextualizar a questão da devoção a Nossa Senhora da Conceição a partir de Portugal, mostrando que, desde a Guerra da Restauração, ela foi aclamada Rainha e Padroeira do Reino Português. Ele é um possível relato de onde teria se originado a imagem que foi encontrada pelos três pescadores no fundo do rio. Foi a forma poética e misteriosa que encontrei para mostrar a criação da pequenina imagem de barro paulista. Não existem documentos que provem tal fato, por isso deixo livre para as pessoas acreditarem ou não.

Dom Pedro de Almeida Portugal, o governador da Capitania de São Paulo e das Minas do Ouro, é mais conhecido como Conde de Assumar; título que só recebeu após a morte de seu pai, muitos anos depois de ter passado pelas terras de Guaratinguetá em sua viagem de inspeção, em que seguia para Vila Rica, hoje Ouro Preto. Quando passou pela Vila de Santo Antônio de Guaratinguetá, tinha sido empossado governador da Capitania de São Paulo e das Minas do Ouro havia pouco mais de um mês. Durante sua viagem, um cronista o acompanhou para relatar todos os fatos. Resultado disso foi o diário de viagem que existe até hoje. No livro, criei Bola de Sebo, o cronista gordinho e faminto da comitiva do governador. Ele foi baseado no jeito que o cronista real narrou os acontecimentos, sempre pautado na comida que era servida para a comitiva, para o governador e principalmente para ele.

Nota do Autor

A história de Iana e Malik foi inspirada nos escravos que eram traficados da África, para além-mar, e aqui eram comercializados como produtos. Diferentes de Chica, que nasceu no Brasil e não passou por parte das atrocidades feitas aos negros, os dois sofreram em um tumbeiro, navio negreiro, que transportava os escravos e era comparado a tumbas por causa do alto índice de mortes ao longo da viagem.

Sebastião de Sá representa a presença da Coroa portuguesa e, ao mesmo tempo, os interesses próprios e a ambição de ficar mais rico por meio de seus atos ilícitos. Ele também foi baseado nos exploradores que o Reino de Portugal instituía para extrair ouro das terras das Minas. Navalhada, seu braço direito, foi inspirado em jagunços, feitores e capitães do mato. Homens como ele existiram e maltrataram muitos escravos, tornando a vida dos cativos um verdadeiro inferno. Na história da devoção à imagem de Nossa Senhora Aparecida, existe uma narrativa parecida com a trama de Navalhada, Iana e Malik. É o relato do milagre do escravo Zacarias, que aconteceu anos depois do encontro da imagem.

Ricardo foi inspirado nos heróis altruístas, que tentaram ajudar a todos, não importando com a possibilidade de perder a própria vida. Em sua construção como personagem, está a esperança de dias melhores, a visão de um futuro melhor para si e para os seus.

Manco, o mascate, representa o comércio ambulante que existia na época; ele não existiu, mas o personagem ajuda a narrativa a avançar com sua mobilidade e conhecimento sobre muitos personagens na trama.

Alguns estudos e pesquisas apontam o grau de parentesco entre os três pescadores e Silvana da Rocha. Hoje se entende que ela era casada com Domingos Garcia e que dessa união nasceu João Alves, o mais jovem dos três pescadores. Filipe Pedroso seria irmão dela e pai de Atánasio Pedroso, o guardião da imagem após a morte do pai. O que corrobora o fato de a imagem ter ficado por vinte e cinco anos entre eles como herança de família.

Vê-se também que muito dos fatos relatados na narrativa do encontro são confirmados pelo diário do Conde de Assumar. A partir do relato nele encontrado, muitos anos atrás, historiadores e pesquisadores puderam confirmar em que ano e período a imagem foi encontrada no rio e datar a chegada solene do governador à Vila de Guaratinguetá, em 17 de outubro, sendo recebido por duas companhias de infantarias. Teve de permanecer na vila por doze dias, pois sua bagagem ainda não tinha vencido o longo despenhadeiro entre Paraty e Guaratinguetá. Durante esse tempo todo, mandou prender quatro acusados, fez julgamentos de pequenos crimes e mandou enforcar 9 criminosos. Esse fato é mostrado no livro, por meio do julgamento ficcional do Bando dos Sete e de Sebastião de Sá e Navalhada. Esses personagens condenados são todos ficcionais.

Relatos históricos confirmam que a pesca não fora feita durante a estada do governador em Guaratinguetá, mas para seu banquete de recepção. E por que servir peixes? Com a corrida do ouro nas Minas, muitos trabalhadores seguiram viagem para as terras de Vila Rica, deixando outras localidades sem mão de obra para cultivar os alimentos básicos. Por isso, imagina-se que a vila de Guaratinguetá tinha problemas com o provimento de alimentos para seus moradores, que dirá para o paladar requintado do governador. Outra teoria que indica o motivo de servir peixes no banquete é a de que a chegada de Dom Pedro, que era um homem religioso e seguia muito os preceitos católicos, a Guaratinguetá se daria em dias de abstinência e preceito. E, forçosamente, só poderia haver pescado, nestes primeiros dias festivos para a vila, por causa da presença do Governador. Acredito que por esse motivo foi pedido que se pescasse o maior número de peixes para alimentar a grande comitiva, entre os dias 17 e 18 de outubro — sexta e sábado respectivamente — de abstinência. O sonho recorrente de Dom Pedro na narrativa do livro também é uma criação ficcional, a fim de ajudar na evolução e mudança do personagem.

João Ferreira e Paes Veloso são personagens históricos, que fizeram parte da comitiva do governador, assim como o capitão-mor da Vila de Guaratinguetá. Mas para eles adotei uma abordagem diferente, dando-lhes tramas que não são relatadas nos documentos oficiais. Parte foi baseada nos poucos relatos que existem sobre eles, e as lacunas completei com elementos que ajudam a narrativa prosseguir e culminar nos acontecimentos do terceiro ato. Para o capitão-mor, por exemplo, criei uma história de início de conspiração contra o novo governador. Dom Martiniano, bispo que o ajuda, é totalmente ficcional. E, nesta linha narrativa, suas intenções são as melhores, visto que a imagem do novo governador, construída para eles por meio das informações que lhes chegaram, é a de um homem tirano e déspota, que não teme ninguém e tem sangue frio para julgar e mandar matar qualquer um.

O caderno de Sebastião de Sá é uma invenção. Ele não existiu de verdade, assim como Iana e Ricardo não existiram historicamente. Mas eles são a reunião de muitas pessoas e costumes históricos que existiram naquela época. O caderno, por exemplo, foi inspirado nas narrativas de aventura sobre contrabando de riquezas, feito por meio de santos do pau oco, uma velha prática de transportar ouro em pó ou em pepitas às escondidas. Tudo isso apenas para escapar das autoridades e sonegar impostos. Com isso, o próprio Dom João V tomou providências para acabar com essa prática, nomeando Dom Pedro de Almeida como governador da capitania do ouro.

Nota do Autor

O Brasil do século XVIII era um lugar em que os desobedientes podiam acabar enforcados ou degolados. O roubo de pães e galinhas poderia ser motivo de tal sentença. E essa temática foi diluída dentro da narrativa do livro, virando tema amplamente discutido entre o núcleo dos pescadores na primeira parte da história e vindo a culminar em todas as linhas narrativas no terceiro ato da história, com a prisão do bando dos sete e de Sebastião de Sá e Navalhada.

As três linhas narrativas do livro começam a se cruzar a partir do momento em que surge a notificação para que se pegue quantos peixes possíveis para o banquete do governador, que está para chegar. É assim que tudo começa a se encontrar em uma única linha narrativa.

Não poderia ter escrito este romance sem o auxílio de vários livros, que me ajudaram a construir este imenso quebra-cabeças, do qual tive de criar novas peças para completar o desenho. O primeiro e principal livro foi *História de Nossa Senhora da Conceição Aparecida*, do padre Júlio Brustoloni, que me fez mergulhar na narrativa do encontro da imagem por um lado mais histórico. Este livro não teria sido possível sem as valiosas pesquisas que o Centro de Documentação e Memória do Santuário Nacional forneceu, ao longo desses anos. Não teria levantado mais perguntas sem os questionamentos que o livro *Aparecida*, de Rodrigo Alvarez, levantou. Sem as teorias que foram levantadas há muitos anos, no mínimo 42, pelo livro, hoje raro, escrito e organizado por Padre

Machado, *Aparecida na história e na literatura,* que reúne muitos relatos sobre o encontro da imagem de Nossa Senhora Aparecida e traz outros textos que lançam muita luz sobre essa história. O livro *Dicionário do Brasil Colonial,* de Ronaldo Vainfas, ajudou-me muito a entender quem era quem no jogo político do século XVIII. Mary Del Priore revelou tão bem a nossa gente e seu retrato mais íntimo na vida cotidiana do Brasil colônia, em *Histórias da Gente Brasileira — volume 1.* E, por último, mas não menos importante, o livro *Senhora Aparecida,* de Tereza Galvão Pasin, que me ajudou a entender melhor o diário de viagem do Governador. Também não seria possível sem o incentivo para o despertar para pesquisa histórica, que todos os professores de história, que passaram por minha vida, deram. Tenho uma dívida de gratidão para com todas essas pessoas — professores, historiadores e autores —, que têm e tiveram a missão de nos revelar esses fatos.

Muito ficou de fora, pois a história da devoção a Nossa Senhora Aparecida não terminou após a partida do governador, pelo contrário, só cresceu e cresce até hoje. Muitos outros milagres foram relatados, mostrando-nos histórias tão extraordinárias quanto às que foram contadas neste livro. Mas isso é outra história.

*"É no mais profundo da noite
que nasce o caminho para a aurora."*

ÍNDICE

Agradecimentos 7

Mosteiro dos Artesãos, 1713 10
Prólogo 11

Espanha, 1717 16
1. O guerreiro da Coroa 17

Brasil, Colônia de Portugal, 1717 22
2. A capela 23
3. No curso do rio 27
4. Vila Rica 30
5. Na estrada 36
6. Como animais 43
7. Conselho ultramarino 51
8. Secos e Molhados do Sabará 57
9. Aprendendo a ler, começando a amar 62
10. Artes, ofícios e sangue 66

11. Escravas domésticas 70
12. Da mesma tribo 75
13. O caderno do ouro 79
14. O amor impossível 82
15. Noite traiçoeira 84
16. A Vila de Santo Antônio 89
17. Os sete homens 94
18. Ervas do campo 98
19. Deixada para trás 104
20. Sonho em alto-mar 110
21. Dieta restrita 114
22. Imaculada Conceição 116
23. A caminho do Novo Mundo 119
24. Em terra firme 124
25. Pedido de libertação 128
26. A chegada do governador 131
27. Jogo do Poder 134
28. Coerção 137
29. Chicotadas e Navalhadas 142
30. Tomando posse 146
31. Debaixo da Tapeçaria 151
32. A espreita 155
33. Solitária 160
34. Caçados 170
35. Más notícias 176

36. Foragidos 179
37. Notícias das terras de lá 183
38. Rio das mortes 186
39. Primeira notificação 194
40. Dia de São Miguel 197
41. Ora Pro Nobis 200
42. Viagem de inspeção 205
43. As cartas 208
44. Mais água no feijão 212
45. Confabulações 215
46. Emissários do governador 219
47. Despertar 221
48. A mensagem 223
49. A hora da graça 230
50. Senhora da Conceição 238
51. Dupla emboscada 243
52. Ordem de prisão 248
53. Milagre! 253
54. Cai o Rei do Ouro 259
55. Sonho do governador 270
56. Luz sobre as trevas 273
57. O segredo está no fogo 284
58. A luz começa a brilhar 290

Nota do Autor 297

MISTO
Papel produzido a partir de fontes responsáveis
FSC® C132240

A marca FSC® é a garantia de que a madeira utilizada na fabricação do papel deste livro provém de florestas que foram gerenciadas de maneira ambientalmente correta, socialmente justa e economicamente viável.

Este livro foi composto com as famílias tipográficas AC Big Serif One, Century Schoolbook e Minion Pro e impresso em papel Pólen Bold 70g/m² pela **Gráfica Santuário.**